김경숙 지음

틈새의시간

How can I find my best self?

초대의 글_ **나는 도대체 누구일까?**

  저는 살면서 여러 문제에 부딪힐 때마다 "저 사람은 왜 그럴까?" "사회는 왜 이 모양일까?" "우리 가족은 왜 이럴까?" 하며 불만을 털어놓곤 했습니다. 학교나 직장에서 만난 말이 통하지 않는 선후배, 곳곳에서 빈틈을 보여주는 부조리한 사회, 애정이란 이름 아래 이기적 공동체가 되어버린 가족. 그렇게 하다가 지친 어느 순간 "그런데 나는?" 하고 시선이 내면을 향합니다. 그리고 그 과정에서 종종 몰랐던 사실을 깨닫곤 합니다. 우월감으로 둔갑한 열등감, 자신에 대한 불안에서 비롯된 예민함, 비판 속에 똬리를 틀고 있는 질투, 자기혐오 이면의 완벽주의라는 이상한 자기애…….

  어떻습니까, 여러분도 비슷한 생각이 든 적이 있으신가요?

이 책은 그렇게 자신에 대해 더 알고 싶고, 나아가서는 자신을 바로 세운 상태에서 세상과 교류하고 싶은 사람을 위해 쓰였습니다. 즉, 진정으로 자신 있는 사람이 되고 싶은 분들을 위해서 쓰였습니다.

내 속을 들여다보면 여러 생각, 꿈, 분노, 열정 그리고 다른 사람들이 함께 어우러져 또 하나의 리얼한 세계가 펼쳐집니다. 이 책에서는 이렇게 내면의 여정을 통해 만나게 되는 여러 가지 것들을 철학의 섬세한 눈으로 재조명하고자 합니다. 우리의 그런 여정에 길잡이가 되어줄 수 있도록, 우리보다 앞서 고민했던 대선배들, 구체적으로 서양 철학자 몇 사람을 초대해 그들의 생각을 들어봅니다.

그러나 이 책에서 '나는 누구인가'라는 질문에 대해 똑 부러진 답변을 기대한다면 크게 실망할지도 모릅니다. 나 자신이라는 존재가 매우 복잡한 존재인 탓입니다. 따라서 저는 짧은 시간에 확실한 답이나 해결책을 찾겠다는 자세보다는 비록 모호하고 혼란스럽더라도 천천히 생각을 다듬어가길 권하고 싶습니다. 아무리 보잘것없는 생각이라도 꼬투리만 놓치지 않는다면 생각이 생각에 꼬리를 물면서 마침내 정제된 생각에 이를 수 있다고 믿기 때문입니다.

영어에서 "한번 생각해보자"라는 말을 "Let's sleep on it"으로 표현할 때가 있는데, 저는 이 표현을 말 그대로 받아들일 때 그 뜻이 더욱더 살아난다고 생각합니다. 어떤 생각을 품고 매일 밤 그 생각과 함께 먹고 자고 하다 보면, 신기하게도 그 생각이 절로 발전하면서 자정(自淨) 활동까지 하여 어느 날(!) 생각이 더 맑아져 있는 것을 알게 됩니다. 따라서 저는 여러분이 이런 자체 진화하는 사유의 힘을 믿고 그 생각의 끈을 놓치지 않으면서 내면의 여정을 계속할 것을 권합니다.

이 책은 그런 여정에 도움을 주려는 목적으로 구성되었습니다. 저는 여러분이 이 책을 읽는 것을 제가 초대한 조촐한 저녁 식사에 참석하는 그림으로 그려봅니다. 제가 드리는 전채(前菜)는 본격적으로 철학적인 주제에 관해 이야기하기 전에 여러분의 삶에서 느끼는 것을 한번 생각해볼 수 있도록 드리는 질문입니다. 물론 전채가 마음에 들지 않으면 패스하셔도 됩니다. 그리고 후식(後食)은 철학적인 대화가 여전히 마음속에 남아 있는 상태에서 그 주제에 대해 다시 한번 생각해보도록 드리는 질문입니다. 이것 역시 어떤 이유에서든지(예를 들어 식사가 너무 과했다거나) 거절할 수 있습니다.

저는 음식 자체도 중요하지만 일단 호기심이 생기고 편안함을 느낄 수 있는 자리를 마련하려고 노력했습니다. 그것은 철학처럼 불편하고 ("철학 하는 사람들은 비판이 예리하지?") 어렵게 ("예비서나 개론서를 미리 읽고 가야 하지 않을까?") 생각되는 것일수록 편안하게 접근하는 것이 좋다고 보기 때문입니다. 이런 생각은 제 학창 시절 경험에서 비롯되었습니다.

대학 시절 여성 문제에 관심이 있어 여성회에 문을 두드린 적이 있습니다. 첫 '세미나' 자리에서 제가 이런 질문을 한 게 기억납니다: "남녀가 사귈 때 여자가 먼저 손을 잡으면 안 된다는 거, 그거 차별 아닌가요?" 그 말에 세미나를 이끄는 선배가 난감한 표정을 지으며 "경숙이는 세미나를 처음 해본 모양인데, 우리는 그런 문제보다는 말이지……" 하며 말끝을 흐렸죠. 물론 제 질문이 세련되지 않았고 당시에 사회 정의에 특히 관심에 많았던 그들에게는 좀 엉뚱했을 수 있으나, 몇십 년이 지난 지금도 저는 그것이 아주 중요한 질문이었다고 생각합니다. 그리고 비록 그게 중요한 질문이 아니었다 하더라도 정말 궁금했던 점을 그대로 말했다는 점에서 최소한 진정성은 있었다고 생각합니다. 아무튼 그렇게 초라한 표현으로 퇴짜를 맞은 경험이 여러 번 있기에, 저는 독자들이 '정확함'이나 '정교함'을 강조하는 바람에 소박한 표현 안에 들어 있는 소중한 진실을 놓치는 일이 없었으면 합니다.

철학이라는 학문에 대해서는 그런 선입관을 갖기 쉽습니다. 대학원 시절 철학을 전공하는 룸메이트를 둔 한 친구에게 "철학 하는 룸메이트를 두니까 어때?"라고 물어본 적이 있습니다. 그 친구는 이렇게 대답했습니다. "걔는 말도 안 되는 소리를 잘하는데, 그래도 괜찮지 뭐. 원래 철학 하는 애들이 그렇잖아?"

당시 철학자는 뭐든지 정확하게 알고 있어야 한다는 부담감을 느끼며 대학원 과정을 밟고 있던 제게 그 답변은 "휴우~" 하고 안도감을 느끼게 해주었습니다. 철학자는 원래 말도 안 되는 소리를 한다고 아예 자리매김해준 그 친구가 묘하게 고마웠죠.

그로부터 15년이 지난 지금, 여전히 저는, 세상에 대해 그리고 나 자신에 대한 호기심을 유지하는 것이 그것을 정확하게 아는 것보다 훨씬 더 중요하다고 생각합니다. 전자가 후자로 이어질 수는 있지만, 그 반대의 경우는 드물기 때문이지요. 그래서 이 책에서 철학자의 이론을 전달할 때는 제 주위에서 볼 수 있는 예를 들어가며 되도록 독자가 철학에—그 무엇보다도— 친근함을 느낄 수 있게 노력했습니다. 또한, 철학자에 대한 친근감도 주고 싶어서 각 철학자의 생각을 소개하기 전에는 '이들이 현대에 살았다면 이랬을 것 같다' 하는 모습을 제가 아는 지식과 상상에 기초해 기술해보았습니다.

"철학과 친해지기"가 그 주된 목표이기에, 이 책에서 던지는 질문에 대해 맞고 틀린 답변이란 없다고 말씀드리고 싶습니다. 사실 이 책이 던지는 질문이 그 진가를 발휘할 때는 독자가 글을 읽고 실제로 한번 곰곰이 그 답변을 생각해보았을 때입니다.

마지막으로 이 책에 등장하는 미국 에피소드는 제가 대학에서 철학을 가르치면서 경험한 일입니다. 개인 정보 보호 차원에서 실명과 피상적인 정보는 약간 바꾸었습니다. 그럼 '나'라는 화두를 품고 내면 여행을 같이 떠나볼까요?

차 례

초대의 글 • 7

철학의 위안
… 보이티우스 • 15

나, 이성인가, 욕망인가?
… 플라톤 • 37

뜨겁지만 냉정하게
… 아퀴나스 • 55

해야 할 일은 왜 하기 싫을까?
… 아리스토텔레스 • 75

쾌락적인 삶=행복한 삶?
… 에피쿠로스 • 93

너무도 인간적인 쾌락
… 존 스튜어트 밀 • 113

나의 가장 친한 친구
- 그건 바로 나!
… 아리스토텔레스 • 125

나는 다른 사람에게
어떤 친구일까?
… 아리스토텔레스 • 139

헤어지는 글 • 153
장별 참고 문헌 • 160

보이티우스

어두운 방에 앉아 자신의 인생을 냉철하게 반성하는 깡마른 남자가 있습니다. 명성이 자자하고 화려했던 자신의 과거가 떠오를 때는 최근 바싹 늙어버린 얼굴에 괴로운 표정이 역력합니다. 하지만 깊은 생각 중 간간이 깨달음에서 오는 평온함이 얼굴에 살짝 번질 때도 있습니다. 아무도 만나러 오지 않는 고독한 공간에서 그는 자신을 상대로 깊은 대화를 합니다. 그리고 그 대화를 종이에 꼼꼼하게 적어 내려갑니다.

철학의 위안

Q. 철학이 인생을 살아가는 데 도움이 된다고 생각해본 적 있습니까?
있다면, 어떤 경우에 그랬습니까?

저는 철학 공부를 공식적인 학문 과정의 마지막이라 할 수 있는 박사 과정까지 끝마쳤습니다. 하지만 몇 년 전부터 철학을 가르치는 일로 돈을 벌지 않으니 이제 철학과는 '안녕'한 게 되었다고 봐야 할까요? 철학을 더 '써먹을 데'가 없으니 말입니다. 저는 박사 과정에서만 칠 년간 철학 공부를 했고 철학을 가르친 것도 칠 년 정도이니 어떻게 보면, 특히 재정적인 면에서 본다면 '수확'이 별로인 정도가 아니라 '손해'를 보는 일을 했습니다. 사실 이런 생각이 제 가족을 포함해 제 주위에서 제 '사태'를 바라보는 시각이기도 하고요.

그렇다면 제가 철학 공부를 한 것이 완벽히 잘못된 선택이거나 우스운 일이 된 걸까요? 여기에 대해 답변을 하려니 피식 웃음이 납니다. 철학의 문제를 파헤치려고 하는데 파헤치는 것을 도와주는 것도 철학이기 때문입니다. 이런 걸 보고 병 주고 약 준다고 하는지 모르겠습니다. 여기서 철학이 내민 손은 다름 아닌 사유의 힘입니다. 철학은 문제의 근본을 파고들려고 합니다. 그래서 어떤 것이든지 피상적인 것을 넘어서 그 이면에 있는 것을 탐구하면 '철학한다'라고 할 수 있습니다.

철학은 다른 학문과 달리 두 가지 관점에서 바라볼 수 있습니다. 기술적인 내용을 다루는 좁은 의미에서의 철학(이런 걸 학교 철학 아니면 강단 철학이라고 흔히 말합니다)과 넓은 의미에서의 철학입니다. 여기서 좁은 의미라는 것은 부정적인 의미라기보다는 전문적이고 기술적인 내용을 다루는 철학 공부를 말합니다. 이런 철학이 삶에 도움이 안 된다거나 관련이 없다는 말이 아닙니다. 지적인 호기심이 많은 사람에게는 철학의 심오함이 닌텐도 스위치만큼이나 재미있을 수 있을뿐더러 더욱 중요한 것은 살아가는 데에도 도움이 된다는 사실입니다. 제가 이 책에 여러 철학자의 생각을 인용하는 것도 그 사람들이 단순히 멋있고 재치 있는 말을 했기 때문이 아니라, 그들의 안목과 지혜가 분명히 삶과 관련이 있고 도움이 되어서입니다. 하지만 많은 철학자의 경우 그들의 사상 전체를 제대로 이해하기란 쉬운 일이 아닙니다. 그렇다면 이들의 생각이나 논리를 완전히 이해해야만 삶을 제대로 살 수 있는 걸까요? 만약 그렇다면 시쳇말로 가방끈이 길수록 현명하고 슬기로운 사람이 되어야만 하는데, 그렇지는 않은 것 같습니다. 오히려 전문적인 철학에 몰입하는 바람에 현실감이 떨어지는 "엉뚱한 철학자"를 종종 보기도 합니다.

제가 이 글에서, 아니 이 책 전체에서 집중하고 싶은 것은 전문인 철학이 아니라 넓은 의미에서의 철학입니다. 이런 철학은 우리의 삶과 직접 관련이 있기 때문에 삶의 철학이라고 할 수 있죠. 많은 사람이 잘살기 위해서는, 제대로 살기 위해서는 (소위 말하는 개똥철학이라도) 철학이 필요하다는 데 동의합니다.

이런 의미에서의 철학은 참신한 면이 있습니다. 왜냐하면 교육 배경이나 나이에 상관없이 자신이 서 있는 곳에서 언제든지 출발할 수 있기 때문입니다. 단순히 말해 삶을 허툴지 않고 진지하게 살아보겠다고 결심하는 순간 철학자로 출발을 하게 됩니다. 그리고 다양한 배경만큼이나 이런 철학은 독특함을 지닙니다. 멋지지 않나요?

철학이 필요하냐는 질문을 던지고 보니 제가 처음 철학을 공부하기로 했을 때가 생각납니다. 많은 대학 신입생이 그런 것처럼 저도 처음으로 가족들과 떨어져 실제적인 성인으로서 사회생활을 하면서 낯설고 어려운 것이 많았습니다. 그중 가장 이해가 되지 않았던 것이 무슨 일을 할 때마다 어떤 식으로 해야 한다는 눈에 보이지 않는 규율이나 선이 있어, 그것을 따르지 않으면 바로 푸시백이 들어오는 것이었습니다. 물론 이런 규율은 제가 만든 것도 아니고 동의한 것도 아니며 공식적인 법규도 아니었습니다. 이런 규율은 어디에나 있었는데, 동아리 활동을 하면서도 느꼈습니다.

저의 동아리는 탁구반이었는데, 치면 칠수록 탁구가 너무 재미있었습니다. 그래서 동아리 방이 있던 체육관 지하를 자주 들락거렸죠. 그런데 동아리 회원들은 제가 너무 자주 나타나자 약간 우려 섞인 반응을 보였습니다. 한 번은 도서관에서 공부하고 있던 선배에게 탁구를 치자고 했더니, 그간 제가 계속 다른 일(공부)은 안 하고 탁구만 친다고 생각했던지 제게 "운동 좀 그만하고 공부를 하라"며 나무라는 것이었습니다. 당시 선배의 말은 애매했지만 (아니 어쩌면 애매했기 때문에) 저를 괴롭혔습니다. 잘은 모르겠지만 제가 뭔가 잘못한 것 같은 느낌과 함께 "탁구를 많이 치면 왜 안 된다는 거지? '언제'부터가 탁구를 '너무 많이'치는 게 되는 거지?" 하는 의문이 들었습니다.

이런 애매한 규율은 여성이라는 저의 성(性)에 관련되어서도 당연히 있었습니다. 한 번은 영어 학원의 같은 반 사람들과 친하게 되어 스터디 클럽을 만든 적이 있습니다. 여러 학교의 나이가 다양한 남녀 일고여덟 명이 결성한 클럽이었는데 공부도 같이하고 친목 모임도 자주 가졌습니다. 어느 날 같이 술을 마시고 있었는데, 그 선배들이 편하게 느껴져 이것저것 이야기를 하자 한 선배가 제가 성격이 좋다며 칭찬했습니다. 그러자 그중 가장 나이가 많은 선배 중 한 사람이 정색하면서 "아냐, 경숙이는 남자들에게 저렇게 편안하게 보이면 안 돼" 하고 충고했습니다. 저는 그 말에 큰 충격을 받았는데, 더 괴로웠던 것은 처음의 경우처럼 그 선배의 말이 이해가 가지 않으면서도 ("왜 그런 말을 한 거지? 나에 대해 그 사람이 더 잘 안단 말인가?") 제가 뭔가 잘못했다는 생각이 들었기 때문입니다. 이번에도 저는 여자가 '어느 정도' 적극적인 것은 매력적이지만 어느 선을 넘어서면 안 된다는 애매한 메시지를 받았습니다.

이런 식으로 애매하고 납득이 가지 않는 것들을 계속 겪으면서 답답해졌습니다. 그런 규율을 간파하고 거기에 따라 행동하는 사람이 '센스 있는' 사람이라는 것을 알고 있었지만, 그런 애매모호한 규율을 저 자신이 납득하고 동의도 하기 전에 따라야 한다는 것이 영 마음에 들지 않았습니다. 지금 생각해보면 그때 제가 나이도 어리고 세상도 잘 모르고, 아니, 더 정확하게 말하자면 나름의 철학이 없었기 때문에 그런 말에 큰 상처를 받은 것 같습니다. 그런 말에 크게 흔들리는 제 예민함이 싫기도 했지만, 지금 생각해보면 도움이 된 점이 분명히 있습니다. 그런 말을 마음에 오래 담아두었던 만큼 거기에 대해 생각을 많이 하게 된 거죠. 물론 무조건 생각을 많이 한다고 좋은 것은 아닙니다. 하지만, 예민한 자신을 잠시 옆에 놓아두고 '객관적인' 생각을 시도하면 분명히 생각이 깊어지고 발전할 수 있습니다. 이런 일에 대해 어떻게 반응해야 한다는 자신에 대한 기대나 틀을 깰 수 있다면 분명히 이것은 "food for thought"(생각할 거리)로서 성장의 기회가 됩니다.

저는 이런 애매한 문제를 접하면서 그런 문제에 대해 제가 직접 생각해보고 판단하고 싶었습니다. 선택을 잘못하더라도 제가 판단해서 결정하면 후회는 하지 않을 것 같다는 생각이 들었죠. 이런 생각을 하다 보니 전공은 영문학이었지만 철학이라는 과목에 관심이 갔습니다. 철학이라는 과목이 제가 궁금해하는 것들을 풀어줄지도 모른다는 막연한 기대를 품게 되었습니다.

여기까지 말하면 누군가가 "그래, 철학이 애매한 문제에 답변해주었나요?" 하고 물을 수 있습니다. 대답은 긍정적일 수도 있고 부정적일 수도 있습니다. 만일 문제에 대한 확답이나 정답이 기준이라면 그 답변은 "아니오"입니다. 그런데 제가 개인적으로 고민했던 문제를 포함한 삶의 많은 문제에 대해서 명쾌한 답을 구하기란 정말 어렵습니다. 하지만 이렇게 답을 구하는 과정에서 첫째, 문제 자체를 더 잘 이해하게 되고, 둘째, 스스로 생각하는 방법을 배우게 됩니다.

사실 철학의 근본은 생각하는 것, 더 구체적으로 말하면 스스로 생각하는 것입니다. 이 '스스로'라는 말이 중요합니다. 아까 앞에서 넓은 의미의 철학이 참신한 이유가 자신만의 철학을 언제든 시작할 수 있다는 점에 있다고 했습니다. 그런데 전문적인 철학을 하면 그것을 직업으로 추구하기 쉽고 그렇게 되면 당연히 다른 사람과 경쟁해야 합니다. 이런 경쟁은 철학이라고 해서 다르지 않습니다. 동료에게 학문적으로 뒤처지면 안 된다는 압박감, 철학적인 개념을 이해하고 잘 전달해야 한다는 압박감, 직장을 잡아야 한다는 압박감, 그리고 이런 것을 해내지 못했을 때 타인의 시선에 대한 걱정—이런 걱정이나 스트레스는 경쟁이 치열한 회사에 다니는 사람들의 스트레스와 별반 차이가 없습니다.

그런데 초점을 남이 아니라 나 스스로에게로 돌리면 다른 세상이 열립니다. 자신만의 고유한 철학을 하게 되면, 덜 중요한 것은 뒤로 물러나고 정말 중요한 것(철학 자체)이 무대 앞으로 등장합니다. 오늘 방송에서 판소리 전문가 박애리 씨가 자신감이 없어 하는 학생에게 "어제의 나, 오늘의 나 그리고 내일의 나, 이 세 가지만 생각하라"고 하는 말을 들었습니다. 자신의 철학을 한다는 것은 이런 마음가짐으로 판소리를 하는 것과 비슷합니다.

이처럼 스스로 생각하는 것, 자기 생각을 가진다는 것은 삶을 완전히 바꾸어놓습니다. 지식이 많아야 스스로 생각할 수 있는 것은 아닙니다. 오히려 지식이 많은 사람 중에 지식을 믿고 스스로 생각을 하지 못하는 경우가 있습니다. 그 경우 기계처럼 정보를 많이 가지고 있는 것에 불과합니다. 스스로 생각한다는 것은 외부에서 어떤 일이 벌어질 때 그것을 수동적으로 받아들이는 것이 아니라 자신의 눈으로 바라보고 판단한다는 뜻입니다. 이렇게 할 때 자신의 세계가 열리고, 또 이런 내면의 세계는 끊임없이 바뀌는 외부 세계에 맞설 수 있는 안정감과 고요함을 우리에게 선물합니다. 하지만 내면이 탄탄하게 영글지 못하면, 학생 시절 제가 그랬던 것처럼, 주위에서 일이 벌어질 때마다 휩쓸리고 또 휘말리게 됩니다. 내 생각이 있다는 것은, 아니 뚜렷한 내 생각이 아직 없더라도 스스로 생각하려고 노력하는 것은 바로 이런 면에서 내적인 평화와 직결되어 있습니다.

어려운 시기에 철학적인 사유가 주는 힘을 그 누구보다도 강조한 철학자가 고대 이탈리아 철학자 보이티우스(480~525)입니다. 보이티우스의 글 중 가장 잘 알려져 있고 천오백 년이 지난 지금까지 읽히고 있는 것이 《철학의 위안 On the Consolation of Philosophy》이라는 책인데, 이것은 감옥에서 쓰였습니다. 보이티우스는 유복한 집안에서 자랐고 학식이 뛰어났으며 사회적으로 크게 성공을 거두어 최고 관직을 맡게 되었습니다. 결혼해서 자녀를 두면 보통 자식 걱정이 되는데요, 보이티우스는 자식도 성공해서 그 역시 높은 자리인 집정관을 맡게 되었습니다. 덕이 있고 훌륭한 며느리도 보게 되었지요. 그런데 다른 정치인들의 모함으로 반역죄라는 누명을 쓰게 되었고, 테오도리쿠스 대제는 보이티우스를 유형 보냅니다. 보이티우스는 말 그대로 한순간에 모든 것을 잃고 맙니다. 사랑하는 가족, 안락한 환경, 명예, 그 모든 것을 말이죠.

이 책은 보이티우스가 "철학의 여신"과 하는 대화로서 그 주제는 "모든 것을 빼앗겼을 때도 행복할 수 있는가" 하는 것입니다. 물론 실제로 보이티우스의 감방 문을 두드리는 여성은 없었는데요, 보이티우스는 철학의 여신이라는 인물을 만들어 자신과 대화를 나누는 것처럼 이 책을 써 내려갑니다. 저는 이 설정 자체가 시사하는 바가 크다고 생각합니다. 그러니까 이 책은 보이티우스 자신과의 대화, 더 정확하게 말하면 철학적인 자신과의 대화입니다.

흠, 자기 자신과의 대화라…. 어떻게 생각하십니까? 자신과의 대화는커녕 자신을 대하는 것이 어색하고 심지어는 두려운 것이 더 흔한 일이 아닌가요? 사실 자신을 솔직하게 대면하는 것은 이 세상에서 가장 어려운 일 중의 하나입니다. 그런 의미에서 저는 '철학을 한다'는 것은 곧 자신을 대면하는 일이라고 해도 무방하다고 생각합니다.

보이티우스는 이 책의 초반부에서 철학의 여신에게 자신의 불행하고 억울한 신세를 한탄하는데, 골자는 다음과 같습니다:

"나는 항상 바르고 정의롭게 살려고 노력했다. 내게 불이익이 오는 것을 감내하고 관료로서 의롭게 일을 처리했다. 그런데 바르게 살려고 했기 때문에 오히려 내게 이런 불행이 닥쳤다. 이런 억울한 일이 어디 있느냐? 한때는 모든 것을 가지고 있었는데 그 모든 것을 잃고 말았다. 예전에는 행복했었는데 지금은 너무 불행하다. 희망이 없다."

여러분도 보이티우스와 비슷한 경험을 한 적이 있나요? 억울한 일을 당해 친구나 가족으로부터 따돌림을 당하고 아무도 여러분을 믿어주지 않았던 적이 있습니까? 꼭 이런 큰일이 아니더라도 살다 보면 크고 작은 일을 겪게 되는데, 그런 일이 있었을 때 그 상황을 이겨내도록 힘을 준 것이 무엇이었습니까? 그런 경험이 없는 경우, 만약 그런 상황에 놓인다면 어디에 기대겠습니까? 이것은 아주 중요한 질문입니다.

보이티우스는 이런 상황에서 시선을 외부가 아니라 내면으로 돌릴 것을 권합니다. 사실 이것은 권장 사항이 아니라 필수입니다. 왜 시선을 내면으로 돌려야 할까요? 간단하게 말하자면 외부로 시선을 돌렸을 때 답이 없기 때문입니다. 보이티우스는 앞에서 말한 것처럼 거의 모든 것을 가지고 있던 사람이었습니다. 훌륭한 귀족 가정에서 태어났고, 당대 최고의 교육을 받았으며, 최고의 관직에 오르고, 유덕한 사람과 결혼하고, 두 아들도 최고 관직의 자리에 올랐습니다. 이 정도면 완벽한 인생이라고 할 수 있지 않나요? 그런데 한순간에 이 모든 것을 잃고 말았습니다. 많은 것을 가지고 있었던 만큼 그 상실감도 컸습니다.

그런데 철학의 여신에 따르면 보이티우스가 불행해진 근본적인 이유는 진짜 자신의 소유가 아닌 것을 자기 것인 양 착각한 데 있습니다. 철학의 여신에 의하면 보이티우스가 '소유'하고

운의 여신이 바퀴를 무작위로 돌려 멈출 때마다
거기에 걸리는 사람이 불행이나 행운을 맞이하게 된다는 내용을 담은 그림

있었다고 생각하는 것들이 사실은 진짜 자기 것이 아니었고 외부에서 받은 것, 다시 말해 운이 좋아 가지게 된 것입니다. 그러면서 철학의 여신은 운(Fortuna)의 본질을 모르면 이런 실수를 하게 된다고 말합니다. 운이 무엇입니까? 운의 본질은 '변하는 것'입니다. 우리가 "굿 럭" 하고 행운을 비는 것은 행운을 붙들어 둘 수 없다는 것을 잘 알고 있기 때문입니다. 만약 붙들어 둘 수 있다면 더는 운이 아닌 게 되는 거죠. 운은 그 정의상 우리가 통제할 수 없고 계속 바뀌는 것입니다. 운이 가진 그런 변덕스러운 특성을 보여주는 그림이 있습니다. 〈운의 바퀴〉(Wheel of Fortune)라고 불리는 서양 중세의 그림입니다.

그리고 나서 철학의 여신은 운의 여신 관점에서 보이티우스의 인생을 기술하는데요. 풀이해서 쓰면 다음과 같습니다:

"네가 지금 이 세상에서 가장 운이 없는 사람이라며 억울해하고 있는데, 과연 그런지 한번 따져볼까? 너는 (미천한 집이 아니라) 명문가에서 태어났고, 아버지가 돌아가시자 (집안이 기운 것이 아니라) 덕망이 높은 시마쿠스라는 사람이 곧 너를 거두어들였고, (문제아가 된 것이 아니라) 교육을 받고 잘 자랐다. 그러고서 (악덕한 여자가 아니라) 시마쿠스의 정숙한 딸과 결혼했다. 너의 두 아들도 (말썽을 부린 것이 아니라) 훌륭한 교육을 받고 자라 너처럼 최고 관직에 올랐다. 그러다가 네 운이 바뀌었다. 이번에 운이 바뀌기 전까지 너는 항상 운 좋은 사람이었다. 그런데도 네가 불운하다고? 솔직히 너처럼 운 좋은 사람이 이 세상에 몇이나 될 것 같니?"

철학의 여신은 계속해서 묻습니다. "또, 네가 모든 것을 가지고 있다가 잃었다고 했는데 과연 그 말이 맞는지 보자. 네가 가지고 있던 것이 정말 네 것이었더냐?" 그러면서 철학의 여신은 세상 사람들이 흔히 자기 것이라고 여길 뿐만 아니라 행복의 조건으로 생각하는 것으로 부, 명예, 권력 그리고 쾌락을 듭니다. 철학의 여신은 그것이 "진짜로 자기 것"인지 물어봅니다.

여기서 "진짜로 자기 것"이 뜻하는 바를 음미할 필요가 있습니다. 부를 예로 들었을 때, 그게 "진짜로 내 것"이라면 항상 가지고 있을 수 있어야 하는데, 어떻습니까? 있었다가 없어지는 게 돈이라고 흔히 말하듯, 돈을 버는 것도 운이 따라야 하지만 그것을 유지하는 것도 운이 따라야 합니다. 그렇다면 부는 내가 진짜로 소유하는 것이 아닙니다. 철학의 여신에 따르면 내가 진정으로 소유하는 것은 "뺏길 수 없는 어떤 것"입니다.

사람들이 목말라하는 명성이나 명예 역시 진짜 내 것이 아니라는 점을 분명히 보여줍니다. 살아가면서 우리는 다른 사람이 나를 어떻게 생각할까 하는 문제로 엄청난 에너지를 씁니다. 이런 옷을 입으면 나를 어떻게 생각할까 같은 사소한 것에서부터 학교, 직장, 결혼, 집 등 비교적 큰 문제에 이르기까지 타인의 시선을 개입시키기 때문에 어떨 때는 다른 사람이 내 삶의 운전대를 잡고 있는 것 아닌가 하는 생각마저 듭니다. 여기서 이런 명성, 명예, 의견, 평판 등의 '문제'는 그것을 내가 통제할 수 없다는 것입니다. (물론 안 좋은 행동을 일삼아 주위 사람들이 나에 대해 안 좋은 의견을 가질 수밖에 없는 경우는 제외하고요.) 내가 남의 마음을 움직일 수 없는 만큼 그 사람의 의견도 바꿀 수 없습니다. 그리고 비록 남의 의견을 바꿀 수 있다 하더라도, 문제는 이런 명성이나 명예 같은 것이 절대적인 것이 아니라는 점입니다. 시간과 공간에 따라 명예에 관한 생각이 달라지기도 합니다. 예를 들어 한 시대에 영웅으로 생각되었던 사람이 다른 시대나―같은 시대라 할지라도― 다른 문화권에서는 영웅이 아니라 원수로 생각될 수 있습니다. 이런 상대적인 가치가 있는 것을 절대적인 것으로 여기고 추구한다면 실망하게 되는 것은 시간 문제일 뿐입니다.

명예, 돈, 쾌락, 권력과 같은 것에 기댈 수 없다면 과연 어디로 지친 마음을 돌려야 할까요? 보이티우스에 따르면 그것은 우리가 통제할 수 있는 것, 다시 말해 운이나 다른 사람이 뺏어갈 수 없는 것입니다. 그것은 바로 우리 자신입니다. 우리 자신이라니, 참 헷갈리는 말입니다. 여기서 우리 자신이란 우리의 '본질'을 말합니다.

철학의 여신은 보이티우스에게 "네가 지금 이렇게 절망하는 것은 너 자신을 잃었기 때문이다"라고 하면서 "너의 본질은 '이성'이다"라고 덧붙입니다. 여러분은 어쩌면 이 말을 듣는 즉시 "나 자신이 이성이라? 그럼, 내 감정은요?" 하고 반박할지도 모르겠습니다. 여기서 이성으로서의 나 자신은 감정이나 기분처럼 변덕스러운 내가 아니라 고요하고 변하지 않는 나 자신을 가리킵니다.

그렇다면 나 자신을 찾는 것이 시급한데, 실제로 이 일은 우리 인생에서 가장 중요한 여정입니다. 사실 이 책도 이 여정을 함께하기 위한 참고서로 쓰였습니다. 이제 이 참고서를 잠시 덮어놓고 자신이 누군지, 아니면 무엇인지 물어보십시오. 언뜻 보면 나라고 생각되는 것이 많이 있습니다. 부모님, 형제, 자식, 배우자, 친구―이 사람들이 나입니까? 나에게 지대한 영향을 끼치고 내가 항상 걱정하고 사랑하는 사람들인 것은 맞지만 나는 아닙니다. 170센티미터 키에 65킬로그램의 몸무게, 그리고 몸 구석에 나만 알고 있는 점―이것이 나입니까? 아닙니다. 열심히 공부해서 딴 학위—이것이 나입니까? 아닙니다. 직장 생활을 하면서 가끔은 일을 잘한다고 칭찬도 듣는데 이것이 나입니까? 아닙니다. 그러면 음악 없으면 못 사는 게 나란 사람이니 음악이 내가 아닐까? 아닙니다. 오케이, 그럼 감정은 나만 느끼는 거니까 감정이 내가 아닌가요? 아닙니다. 물론 감정이 내 고유한 어떤 것이라는 것은 맞지만, 그렇다고 "나=감정"이라는 공식이 성립하지는 않습니다. 동의하지 않는다면 화가 났을 때를 떠올려보십시오. 화를 벌컥 낸 뒤 나중에 후회하면서 "그건 내 진심이 아니었어" 하는 사과와 함께 자기 부인(否認)을 한 적이 있지 않나요? 이렇게 나에게 붙어 있는 비본질적인 요소를 하나씩 걷어내고 나면 진정한 나 자신이 드러납니다. 그것은 아침에 좋았다가 저녁에 나빠지는 기분 같은 것이 아닙니다. 진정한 나는 이런 감정, 기분, 기질 이면에 조용히 변함없이 있는 어떤 것입니다. 그런 나를 (너무 늦기 전에) 만나는 것이 중요합니다.

그런 나를 만나게 되면 비로소 성찰이 가능해집니다. 그리고 이런 성찰을 통해 삶에 대한 "관점"이 바뀌고, 관점이 바뀌면 솔직히 행복해질 수도 있습니다. 사실 보이티우스는 이 책을 쓴 후 결국 감옥에서 죽음을 맞이했습니다. 외부적인 상황은 그대로이지만, 이런 철학적인 성찰 후의 보이티우스는 훨씬 평화로운 마음이 되었을 거라고 생각합니다. 누명이 벗겨지고 가족 품으로 돌아오는 것을 기대했다가, 이 비극적인 결말을 듣고 "그런 게 행복이라니 정말 실망이네요!" 하고 말할 사람도 있을 것입니다.

사실 행복에 대한 딱 떨어지는 답을 원하는 사람에게 기독교 철학자인 보이티우스는 얼마든지 "신"이라고 간단명료하게 답해줄 수 있습니다. 그런데 이런 답변이 듣는 사람에게 얼마나 의미가 있는지를 생각해보아야 합니다. 딱 떨어지는 답보다 중요한 것은 그 답을 스스로 찾아보는 것입니다. 이럴 때 철학적 사유가 필요하며, 우리는 그런 과정에서 문제를 더 깊이 음미할 수 있습니다. 이런 의미에서 철학의 위안이라는 보이티우스의 고백을 철학적인 사고의 위안으로 해석해도 되지 않을까 싶습니다. 효율성(빠른 시간에 결과를 내는 것)을 최대의 미덕으로 여기는 사회에서 자라면 과정을 통째로 쓰레기통에 집어던지기 쉽습니다. **그·런·데** 철학이 있으면 이런 과정 자체에서 의미를 발견하고 나아가 그 과정을 즐길 수 있습니다. 흔히 삶이 결과가 아니라 과정이라는 말을 하는데요, 그 말이 맞는다면 철학은 우리 삶에 없어서는 안 되는 것입니다.

이 글을 마무리하면서 철학을 왜 하느냐에 대한 이 글은 개인적으로 제게 많은 도움이 되었습니다. 철학을 한때 직업으로 추구했던 저이기에 마음 한편에 불편하게 남아 있던 철학과 나의 관계를 끄집어내 성찰할 기회가 되었습니다. 성찰 후에도 제 상황은 그대로입니다. 하지만 분명히 바뀐 것이 있습니다. 이 성찰을 통해 저 자신을 더 잘 이해하게 되었고 그런 만큼 편안해졌습니다. 이건 분명히 변화입니다. 이렇게 변화를 가져올 수 있다면 철학은 꽤 실용적인 공부가 아닌가요?

> Q. 보이티우스의 경우처럼 어떤 신념이나 사고가 어려움을 해쳐나가는 데 도움이 된 적이 있습니까?

플라톤

학생들을 앞에 앉혀 놓고 차분하지만 단호한 어조로 강의를 하는 교수가 있습니다. 그는 강의 중 몇 번이나 교실 바닥을 보며 고개를 내젖고는 손가락을 들어 올려 천장을 가리킵니다. 때로는 그 손가락이 창밖 환한 햇살을 가리키기도 합니다. 이 세상은 그림자에 불과하며 진짜 세계는 눈에 보이지 않으며 그 세계를 모범 삼아 이 세상을 살아야 한다고 설파합니다. 학생들의 눈이 이상 세계에 대한 동경으로 반짝반짝 빛납니다.

나, 이성인가, 욕망인가?

Q. 이성과 감정 간에 갈등이 있을 때 어느 쪽에 더 귀를 기울여야 한다고 생각합니까? 그리고 그 이유는 무엇입니까?

"나나♪ 나나나나♪……"

이런 후렴구로 끝나는 노래가 있는 것 같은데, '나는 누구?'라는 질문에 여러분은 어떻게 답변하시겠습니까?

오늘 우리는 플라톤과 함께 '내가 누구인가' 하는 문제를 함께 생각해보고 싶습니다. 플라톤의 《국가*The Republic*》는 그의 명저 중 하나일 뿐만 아니라 서양 철학사에서 가장 중요한 정치 철학서 중 하나인데, 여기서 플라톤은 철학자가 통치하는 이상 국가를 서술하고 있습니다. 이 책에서 플라톤이 던지는 주요 질문 중의 하나가 '정의란 무엇인가'인데, 그는 거기에 대한 답변을 인간 영혼의 분석을 통해서 내놓습니다. 플라톤의 영혼 분석은 '내가 누구인가' 하는 문제를 다룰 때 많이 도움이 됩니다. 영혼이라는 말을 요즘에는 자주 쓰지 않으니 여기서는 넓은 의미로 '나 자신'이라고 바꾸어 써보겠습니다. 그래도 무방할 듯합니다.

나 자신을 들여다보십시오. 그러면 나 자신에게는 이성적인 면만 있는 것이 아니라, 감정, 의지, 욕구 등 다양한 면이 있다는 것을 알게 됩니다. 즉, 나는 100퍼센트 이성적인 존재도, 100퍼센트 비이성적인 존재도 아닙니다. 이렇게 이성적인 면과 비이성적인 면이 내 안에 공존하면서 서로 다른 역할을 하다 보면 어떨 때는 충돌이 일어납니다. 사실 이런 충돌은 보통 사람(절제의 미덕이 부족한 사람)에게는 다반사로 일어나는데, 그 한 예를 들어보겠습니다.

길을 걷고 있는 여러분 눈앞에 도우가 바삭하니 감칠맛 나고, 토핑이 황홀한 피자 체인점이 보입니다. 이때, 여러분 마음에서 피자에 대해 두 가지 상반된 반응이 일어날 수 있습니다. "저기 들어가서 피자랑 콜라 한잔하고 싶다!" 하는 반응, "피자라니,

지금 저걸 먹고 싶다는 거야? 안 돼. 살을 빼기로 했잖아?"하는 각기 다른 반응이죠. 이렇게 하나의 대상에 대해 상반된 반응이 일어난다는 것은, 다시 말해 피자가 먹고 싶다는 반응과 먹고 싶지 않다는 상반된 반응이 있다는 것은 곧 우리 속에 여러 다른 부분(part)이 있다는 것을 보여주는 것이라고 플라톤은 말합니다. 만약 위의 예에서 내가 피자의 유혹에 잠시 마음이 흔들렸지만 결국 그 피자 체인점을 용감하게 지나칠 수 있었다면, 피자를 먹고 싶어 하는 욕구를 제어할 수 있는 또 다른 어떤 부분이 내 안에 있다는 말이죠.

별것 아닌 것 같지만 단순한 동물들에게는 이런 식의 '제어 장치'가 기본적으로 없습니다. 먹을 것을 거부하는 개나 고양이를 본 적이 있나요? 어딘가 아프지 않는 한 그들은 먹이를 거부하지 않지요. 고양이를 키우는 저는 주말여행이나 출장처럼 장시간 집을 비울 때를 대비하여 사료 디스펜서를 장만해 쓰고 있습니다. 집을 나갈 때 하루치 사료를 한꺼번에 내놓으면 그 자리에서 바로 해치운다는 것을 충분히 경험했기 때문입니다. 내적인 통제 기능이 없는 고양이(자제력이 없는 고양이)에게는 디스펜서가 말하자면 이성 비슷한 역할을 하는 것입니다. 일정한 시간이 되어야만 먹이가 나오니까요. 이성은 이처럼 제어하기 힘든 욕구를 통제하는 역할을 합니다. 마치 고양이가 통에 든 모든 사료를 먹어 치우지 못하도록 막는 디스펜서처럼요.

반면에 언제나 명랑하고 수다스러워 보이는 어떤 사람(아니면 항상 누군가를 웃기는 코미디언)을 떠올려보세요. 그가 항상 즐겁기만 할까요? 어쩌면 그 사람은 새벽녘까지 일기장에다 "나 자신이 싫다" "나 자신을 도저히 이해할 수 없다"라는 말을 휘갈겨 쓰며 괴로워했을지도 모릅니다. 이런 경우, 인간이란 항상 한 마음이 아니라 마음속에 분열이 있는, 다시 말해 복잡한 존재라는 생각이 듭니다. 겉모습과 내면이 항상 일치하지 않는 존재라고 할 수 있겠죠.

플라톤은 인간의 영혼이 세 부분으로 되어 있다고 보았습니다. 플라톤이 말하는 이 '부분'(part)이라는 말은 현대식으로 '기능'이나 '능력'으로 생각해도 무방할 것 같습니다. 이 세 부분은 이성(reason), 욕망(desire), 그리고 기개(spirit)인데, 플라톤의 이런 영혼 분석을 후대 사람들은 '영혼 삼분설'(tri-partite soul)이라고 불렀습니다.

먼저, 이성은 사물의 이치를 따지는 기능을 합니다. 더 구체적으로 말하면 우리의 각 부분에 어떤 것이 가장 유익한지 그리고 우리 자신을 전체적으로 봤을 때 어떤 것이 가장 유익한지를 파악합니다. 예를 들어, 내일 중요한 시험이 있는데 친구가 술 한잔하자며 전화를 했습니다. 어떤 면에서는 둘 다 내게 좋은 일이지만 전체적인 상황을 고려했을 때는 술 약속을 미루는 것이 좋겠지요. 그런 의미에서 이런 식으로 '상황 파악을 잘하는 사람'을 현명한 사람이라고 할 수 있겠습니다.

영혼의 두 번째 부분은 욕망 혹은 욕구인데요. 이 부분은 몸과 가장 밀착된 부분으로 식욕이나 성욕 같은 기본적인 욕구를 말합니다. 이 부분은 우리의 흔히 말하는 욕망이나 욕구와 별 차이가 없기에 특히 설명이 필요 없는 것 같습니다.

세 번째 부분은 기개로 이성과 욕망의 중간에 있으며 용기, 분노 등으로 표출됩니다. 이 기개란 부분이 좀 재미있습니다. 고대 그리스어 원어인 'thymos' 혹은 'thumos'를 영어로는 ('spiritual'이 아니라) 'the spirited'로 번역하는데, 플라톤 역시 이것이 언뜻 보기에는 욕망과 비슷하게 보인다는 것을 인정합니다. 앞에서 기개가 용기나 분노 같은 것으로 표출된다고 했는데, 용기 있는 사람이나 격분한 사람을 보면 감정이나 욕구를 표출하는 사람으로 보일 수 있습니다. 언뜻 보면 본능에 충실한 사람이라고 생각할 수도 있다는 뜻이죠. 하지만 뭔가 뜻한 바가 있어 용기를 발휘하고 분노를 터뜨린다면? 세상을 바꾸기 위해 목소리를 내길 주저하지 않는 사회 운동가의 경우처럼 말입니다. 그렇다면 이야기가 완전히 달라지지 않습니까? 세상의 부조리에 피가 들끓어 세상을 고치고자 신들린(spirited) 사람처럼 잠도 제대로 자지 않고 일하는 사람이 있다면, 그 사람은 (이성적인) 결심을 충실하게 따르고 있으므로 이성에 더 가깝다는 것이 플라톤의 생각입니다.

다시 말해, 기개는 그 자체가 이성적이지는 않지만, 이성이 내린 판단을 행동으로 옮길 때 필요한 활력, 정신, 기상(氣像) 같은 것으로 볼 수 있습니다. 작은 예로 여러분이 친구에게 사과할 일이 생겼습니다. 이것을 실제로 행동에 옮기려면 생각만으로는 부족합니다. '그냥 미안하다고만 하면 될까?' '사과했는데 도리어 화를 내면 어떡하지' 등등의 생각이 행동에 제동을 걸 수도 있습니다. 이때 이 생각을 밀어붙이는 '용기'가 필요한데, 이 용기가 바로 기개에서 비롯됩니다.

플라톤의 영혼 분석에서 가장 중요한 점은 이 세 부분 사이에 '자연스러운' 위계질서가 존재한다는 것입니다. 여기서 자연스럽다는 말을 조금 생각해볼 필요가 있습니다. 중세 철학자인 아퀴나스가 자연스럽다는 말을 두 가지로 구분했는데, 이 구분이 여기서 플라톤을 이해하는 데 도움이 될 수 있습니다.

우리가 우스갯소리로 화장실 가고 싶다는 말을 '자연이 나를 부른다'고 하는데, 이것이 아퀴나스에 의하면 자연의 첫 번째 뜻과 비슷합니다. 즉, 인간이 지닌 동물적인 혹은 본능적인 면에 충실하다는 의미로 쓰이는 '자연스러움'입니다. 두 번째는 첫 번째 의미와 거의 반대인데, 인간으로서 (다른 동물과 차별되어) 자연스러운 것을 말합니다. 이 경우에는 인간이 인간답게 행동하기 때문에 자연스럽습니다. 플라톤이 우리 내부의 세 가지 부분이 '자연스러운' 위계질서를 지녀야 한다고 말한 데엔 그렇게 하는 것이 인간다운 것이라는 뜻이 함축되어 있습니다. 이렇게 두 번째 의미의 자연스러움에 기초해 우리가 지닌 세 가지 부분에 대해 상하 관계를 정한다면, 이성이 가장 우월하고, 그 다음이 기개이고, 마지막이 욕망이 되겠지요.

※

플라톤에 의하면 삶을 잘 사는 사람과 그렇지 않은 사람을 결정짓는 것은 이 세 부분이 우리 내부에서 어떤 관계를 유지하는가에 달렸습니다. 잘 사는 사람, 즉 현명한 사람의 영혼은 이 세 부분이 '조화'를 이룹니다. 여기서 플라톤이 말하는 조화는 세 부분이 똑같이 중요하게 여겨지는 산술적으로 '민주적인' 조화가 아니라 질서가 제대로 잡혔을 때 나오는 조화입니다. 즉, 이성적인 부분이 영혼이라는 배의 선장 역할을 맡고, 나머지 두 부분은 그 선장의 말을 충실히 따르는 선원인 형태로 이루어진 조화입니다.

그렇다면 현명하지 않은 사람의 영혼은 어떨까요? 그들의 영혼을 들여다보면, 운항 능력이 없는 선원(기개와 욕망이 해당하겠죠)이 배의 키를 잡고 조종하는 데서 오는 충돌과 분열이 항해 기간 내내 계속되는 양상입니다. 그림을 통해 플라톤의 영혼 상태를 한번 설명해보겠습니다. 그림에 한계가 있긴 하지만,

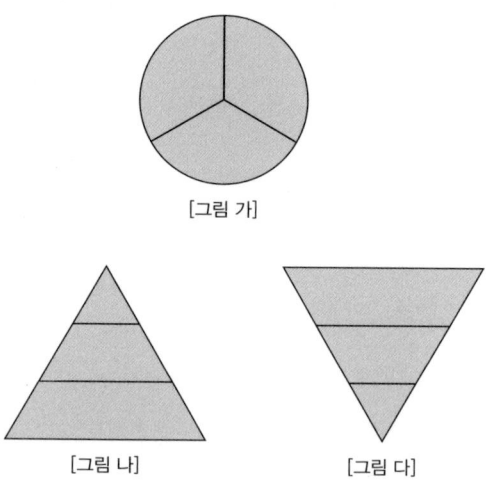

[그림 가]

[그림 나]   [그림 다]

플라톤이 생각하는 영혼의 상태를 단순하게 표현하면 다음과 같습니다.

[그림 가]의 경우 세 부분으로 나누어진 것은 좋은데요. 문제는 그 세 부분이 똑같이 중요할 수 있다는 인상을 주는 점입니다. 그 점을 보완한 것이 [그림 나]입니다. [그림 나]의 경우 모양이 피라미드형으로 되어 있는데, 플라톤이 강조하고 싶었던 두 가지 핵심 사항을 잘 보여줍니다. 첫째, 이 세 부분 사이에 상하 관계가 존재한다는 점, 둘째, 그 상하 관계의 지휘관이 피라미드 꼭대기에 올라 있는 이성이라는 점입니다. 그런데 우리 삶은 종종 이성이 아니라 욕망을 따르기도 합니다. 그것을 [그림 다]가 보여줍니다. 욕망을 채우며 하루하루를 살아가는 삶이 바로 이 역삼각형의 삶인데요. 어떻습니까, 이 역삼각형이 매우 불안해 보이듯 욕망을 앞세운 삶 역시 위태롭지 않습니까?

이성을 강조하는 플라톤의 이런 생각은 진부하고 고리타분하게 들릴 수 있습니다. 그런데 진부하게 여겨지는 사상과 생각 이면에는 많은 진실이 들어 있는 경우가 많습니다. 사실 진부하게 느껴지는 것도 많은 사람이 그 진실에 공감해 오랜 세월 끊임없이 언급해온 탓이기 때문입니다. 그런 것은 진부한 만큼이나 역설적으로 많은 진실을 담고 있는데요, 저는 플라톤의 영혼설이 그런 예에 속한다고 생각합니다.

플라톤이 왜 이성의 안내를 받는 삶을 중요하게 여겼는지 예를 들어서 설명해보겠습니다. 김대리의 목표는 다가오는 승진 시험인 토익에서 890점 이상을 받는 것입니다. 공부는 잘하고 싶다는 마음만으로 되는 게 아닙니다. 매일 꾸준히 진짜로 '해서' 공부가 습관으로 자리잡아야 비로소 실력이 늡니다.

그런데 김대리가 고단한 몸을 추스르며 영어를 공부하려고 컴퓨터 앞에 앉는 순간, 게임 광고가 떴습니다. LOL에 신규 챔피언이 추가되었다네요. 이때 김대리의 첫 번째 반응은 무엇일까요? "아, 재미있겠다. 해보고 싶어!"일 겁니다. 플라톤의 영혼 분석에 따르면 이것은 김대리의 '욕망'에서 나온 목소리입니다. 그런데 한편으로는 김대리의 마음속에서 "게임 하면 영어 공부를 못하잖아. 하지 말아야 해"라고 하면서 욕망을 타이르는 목소리가 들려 옵니다. 이것은 이성에서 비롯된 경고지요. "게임을 하고 싶다"는 욕망을 따랐다가 원하는 목표인 "토익 점수 890점 이상"에 도달할 수 없다는 알림음인 셈입니다.

이렇게 상반된 두 종류의 메시지를 자각하면서 김대리의 마음속에선 작은 전쟁이 벌어집니다. 그러다가 "에라 모르겠다" 하면서 김대리가 게임을 하기 시작합니다. 결국 욕망이 이성을 이겼네요. 게임을 할 때는 잘 몰랐는데 막상 한판 시원하게 하고 나니, 웬걸요, 자신에 대한 분노가 치밉니다. 이성의 판단을 따르지 않고 자신이 욕망에 무너졌다는 참담한 생각 때문입니다.

플라톤에 의하면 바로 이 분노가 기개라는 부분에서 나옵니다. 이렇게 김대리처럼 자신의 내면에서 두 가지 상반된 소리를 들을 때, 우리는 '나 자신은 과연 누구인가?'하고 고민하게 됩니다(그러고 보면 내면의 갈등이 꼭 나쁜 것만은 아닌 것 같지요? 자신을 더 깊이 자각하게 해주는 계기가 될 수 있으니 말입니다). 이때 나의 이성과 욕망 중 누가 더 '진정한' 나 자신을 대변한다고 할 수 있을까요?

플라톤에 따르면 더 자연스럽고 진정한 나 자신은 이성입니다. 그것은 이성이 우리에게 진정으로 좋은 것이 무엇인가를 제대로 판단하고 제시해주기 때문이지요. 위의 김대리의 예에서 김대리가 원하는 것이 토익 시험을 잘 보고 싶은 게 사실이라면, 목표에 대한 계획을 세우고 친구와 술 한잔하고 싶은 마음이 들어도 시험 친 후로 미루자며 자신을 타이르는 것 역시 김대리의 이성이 해야 할 일입니다. 이야기를 복잡하게 만들고 싶은 것은 아니지만, 김대리가 시험공부를 하다 욕망의 유혹에 못 이겨 게임을 하게 된 것이 사실은 (토익 점수나 승진보다도) 김대리가 인생에서 진짜로 원하는 바였다면 이야기가 달라지죠.

그래도 여전히 플라톤의 논변에 대해 '아냐, 그래도 역시 고리타분하고 교훈적인 냄새가 폴폴 나'라고 생각된다면 이 문제를 다음과 같이 이해해보면 어떨까요?

욕망을 따르는 것이 꼭 나쁘다기보다는 그것을 따랐을 때 지금 당장이나 단기간에는 이로울 수 있지만, 나중에는 오히려 해를 불러올 수 있는 '한계'가 있기에 때로는 욕망을 자제하고 조절할 필요가 있다.

다시 김대리의 예로 돌아가보겠습니다. 열심히 일한 다음 퇴근해서 게임을 잠깐 하면서 휴식을 취하는 것 자체가 나쁜 건 아닙니다. 그런데 문제는 게임도 하고 영어 공부도 할 수는 없는 경우, 즉 이 두 가지를 동시에 할 수 없는 경우입니다. 이럴 때 나 자신에게 진정으로 도움이 되는 것이 무엇인지 곰곰이 생각해보아야 합니다. 영어 실력을 높여서 토익에서 높은 점수를 받아 승진하는 것이 김대리의 목표인데, 당장의 재미를 좇아 공부를 미룬 채 게임을 한다면 6개월 후 김대리는 본인의 목표에 얼마나 가까이 다가서 있을까요? 안타깝게도 '제로'일 겁니다. 눈앞의 작은 즐거움 때문에 더 큰 기쁨을 놓치는 꼴이 돼버리는 셈이지요. 이런 일이 반복된다면 김대리는 분명 후회하지 않을까요? "아, 나는 도대체 왜 이러지? 승진하고 싶은 마음이 있기는 한 건가."라며 자책할 겁니다.

"욕망을 좇아 사는 것이 왜 나쁘지? 더 솔직한 삶이 아닌가?"

물론 이렇게 반문할 사람도 있을 것입니다. 다시 말하지만, 욕망을 만족시키는 것이 나쁘다기보다는 욕망이 지닌 '좁은 시야'가 문제입니다. 즉, 게임을 하고 싶다는 욕망에 휩싸이면 지금 당장 게임 한 판 하자는 생각만 들지, 그 후 일어날 일(예를 들어 게임 한 판이 곧 열 판으로 이어져 그날 공부는 물 건너간 일이 되는 것)에 대한 생각은 힘을 발휘하지 못합니다.

"욕망이 생기는 걸 어떻게요?" — 이렇게 항변할 사람도 있을 것입니다. 틀린 말이 아닙니다. 물론 어떤 것을 보면 내가 의도하지 않아도 끌린다는 의미에서 욕망을 완전히 통제하거나 차단할 수 있는 것은 아닙니다. 또한, 그렇게 하는 것이 건강하다고 말하는 것도 아닙니다. 하지만 마음에 끌리면 끌리는 대로 행동하는 것이 진정 인간적으로 솔직한 태도인가, 하고 자문해볼 필요가 있습니다. 적어도 이성적인 인간이라는 생각은 들지 않겠죠.

여러분이 교사라고 생각해보십시오. 학생 중 한 명이 수업이 지루하다고 책상에 엎드려 자거나 교실을 나가버린다면 그것을

'솔직한 모습'으로 여기겠습니까? 저는 교수로서 그런 학생을 경험한 적이 있는데 그 학생의 솔직함을 칭찬해주고 싶다는 생각은 들지 않더군요. 오히려 '본능에 충실한 아이'라는 생각과 함께 졸리면 언제나 부담 없이 자는 제 고양이 수지의 얼굴이 그 학생과 겹쳐 떠올랐습니다. "아니, 저 고양이만도 못한 ○○"이라는 탄식과 함께.

또한, 욕망은 만족시키더라도 그 만족감이 쉽게 사라지는 것이 두 번째 한계점입니다. 제가 이 주제에 대해서 강의를 할 때였어요. 한 남학생이 손을 들더니 질문을 했습니다. 다음은 저와 그 학생이 수업 시간에 나눈 대화입니다.

브래들리: 저는 아무리 그래도 욕망을 충족시키는 삶이 더 행복한 삶인 것 같아요.
교수: 그래요? 브래들리는 제일 좋아하는 음식이 뭐죠?
브래들리: 뉴욕 스타일 피자요.
교수: 음, 뉴욕 스타일 피자 중에서는 어떤 피자?
브래들리: 페퍼로니 피자요.
교수: 브래들리는 페퍼로니 피자를 먹을 때 느끼는 쾌락이 어느 정도 오래 가는 것 같아요?
브래들리: 저는 피자를 계속 먹을 수 있으니까…….

교수: 그래요? 아무리 그래도 열 판은 못 먹을 거 아니에요?

브래들리: 열 판 먹을 수 있어요……. 아니, 농담이고…… 두 판은 한자리에서 먹을 수 있지 않을까요? 그렇다면 먹는 시간 삼십 분 곱하기 2, 그리고 먹고 나서 삼십 분, 해서 총 한 시간 반이네요.

교수: 그럼, 욕망을 좇는 삶이 왜 한계가 있는지는 더 설명 안 해도 되겠지요?

브래들리: [말없이 웃음]

이처럼 당장의 쾌락을 추구하는 욕망이 우리 삶의 내비게이터라고 상상해보십시오. 조금 끔찍하지 않습니까? 욕망을 좇아 오늘은 여기로 내일은 저기로 뱃머리를 돌렸다가 결국에는 망망대해에 표류하게 되지 않겠습니까? 반대로 이성이 조종실을 차지한다면 상황이 달라질 겁니다.

우리가 이성을 신뢰할 수 있는 것은 상황을 멀리 보고 파악할 수 있는 능력을 지니고 있기 때문입니다. 이성은 이 능력을 발휘해 장기적인 목표를 세우고 그 목표에 따라 항해할 것입니다. 플라톤은 이렇게 이성에게 배의 항해를 맡기지 않을 때, 우리 내부에서 분열이 일어난다고 말합니다. 그러고는 분열이 일어난 영혼은 아픈 영혼과 다름없으며, 나아가 영혼이 아픈 사람은 아무리 권력과 부를 쥐고 있어도 행복할 수 없다고 주장합니다.

여러분은 어떻게 생각하십니까? 이성과 욕망 중 어느 쪽에 삶의 안내자 역할을 맡기겠습니까?

> Q. 이성을 따라 살아야 한다는 플라톤의 생각이 2000년이 지난 오늘날을 살아가는 현대인에게 어필이 된다고 생각하십니까?

아퀴나스

책장 하나를 가득 채우고 남는 분량의 책을 썼다는 사실에 권위와 책으로 압도당할 거라는 예상을 한 학자의 방이었는데, 웬걸 그냥 수수한 보통 학자의 방입니다. 정갈하게 책이 꽂힌 책장 그리고 잘 정리된 책상이 눈에 들어옵니다. 방 안의 물건들이 질서 있게 자리하고 있습니다. 그러나 그 어떤 정돈된 물건도 이 서재 주인의 칼날 같은 생각만큼 예리하게 정돈되어 있지는 않습니다. 질서 있는 생각 — 이 사람의 철학 신조입니다. 살짝 살이 찐 이 학자는 이것저것, 말 그대로 삼라만상을 아우르는 이치에 대해 그 질서정연한 마음을 이용해 스스로 질문을 던지고 반박한 뒤 결론까지 내립니다. 그는 이런 과정을 차분한 목소리로 매일 매일 이어갑니다. 그의 조교는 그의 이런 말을 매번 열심히 옮겨 적습니다.

뜨겁지만 냉정하게

Q. 여러분은 어떤 것에 열정을 지니고 있습니까?
이 열정 때문에 삶에 문제가 생긴 적이 있습니까?

어떤 사람이나 일에 대해 뜨거운 감정을 지닌 적이 있으십니까? 그 뜨거운 감정이 삶에 도움이 되었나요, 아니면 더 문젯거리가 되었나요? 이번 시간에는 열정에 관한 이야기를 나누어보겠습니다. 열정과 관련되어 제가 소개하고 싶은 사람은 중세 철학자 토마스 아퀴나스(1225~1274)입니다. 아퀴나스는 5세에 수도원에 들어가 죽을 때까지 수사로서 말 그대로 공부만 하다가 죽은 사람입니다. 그러다 보니 이런 사람이 열정 운운하는 말을 믿을 수 있을까, 하고 생각하는 사람도 있을 텐데요.* 일단

---
* 이와 비슷한 경우로 예전에 서강대에서 고 스팔라틴 신부가 <결혼 준비 특강>이라

그 평가는 아퀴나스의 생각을 듣고 나서 해보는 게 어떨까요?

먼저 열정에 대한 용어를 정리하겠습니다. 우리가 이야기하려는 열정은 영어 'passion'의 번역으로 보통의 감정뿐만 아니라 격한 감정인 정열 혹은 격정을 가리키는 포괄적인 말로 이해했으면 합니다. 실제로 아퀴나스가 예로 드는 열정은 우리가 흔히 말하는 감정과 크게 다르지 않은데요. 아퀴나스가 정리한 감정은 다음과 같습니다: 사랑, 증오, 기쁨, 슬픔, 욕망, 반감, 분노, 희망, 용기, 절망, 공포. 사실 철학에서는 이것을 보통 "정념"이라고 하는데, 보통 사람들에게는 생소한 말이기 때문에 여기서는 맥락에 따라 "열정" 혹은 "감정"이라는 말로 번갈아 옮기려고 합니다. 그렇게 해도 우리가 나누려고 하는 이야기에 큰 문제가 없습니다.

열정의 어원에 대해 먼저 한번 짚어보겠습니다. 열정을 의미하는 영어 passion은 라틴어 passio에서 왔고 그것은 또 고대 그리스어 pathos에서 유래했습니다. pathos의 동사형은 pati로 뭔가를 '겪는다' 혹은 넓게는 '경험한다'는 뜻입니다. 어떤 것

는 수업을 오랫동안 가르친 적이 있습니다. 실제 부부를 초대해 젊은 학생들에게 결혼에 대해 하는 강의였는데, "아니, 신부가 결혼의 'ㄱ' 자(아니, 이 경우에는 미국 사람이니 'm' 자)를 어떻게 알아?"하고 반문하는 사람이 있을 것입니다. 그 말이 일리가 없는 것은 아닙니다. 하지만 어쩌면 바로 결혼 생활을 하지 않기 때문에, 더 구체적으로 말하자면 부부 생활에서 일어나는 이런저런 문제에 휘말려 들어 근시안이 되어 있지 않기 때문에, 바깥에서 냉정하게 두 사람을 바라볼 수 있고 또한 결혼의 원래 의미를 짚어줄 수도 있다고 생각합니다.

을 '겪는다'는 것은 어떤 감정이 내 내부에서 자생적으로 일어난다기보다는 외부의 어떤 것에 자극을 받아 일어난다는 뜻입니다. 밤에 먹방 프로그램을 보다가 갑자기 냉장고를 뒤지는 나를 '발견하게 되는' 경우(수동체적 문법에 유의)가 그 예가 되겠습니다. 이렇게 외부의 영향을 받는다는 의미에서 열정적인 사람은 수동적인 처지에 놓여 있습니다. 보통 열정을 '나'로부터 촉발되는 에너지 같은 것으로 여기기 때문에 좀 의아하게 들릴 수 있습니다. "공부하다가 떡볶이 생각이 나 먹고 싶어지는 것 같은 경우는, 감정이 외부 자극 없이 (내 생각만으로) 일어나는 것 아닌가요?"라고 반문할 수 있습니다. 물론 이 경우 내 생각만으로 감정이 일어나는 게 맞습니다. 하지만 그 생각 자체가 애초에 어디에서 왔는지를 추적하면 외부에서 왔다는 결론이 나옵니다. 즉 떡볶이를 처음 보았을 때 마음이 동했고(첫 만남에 끌렸고), 먹었더니 맛있었으며(사랑에 빠졌고), 나중에 그 생각을 했을 때 군침이 돌게 됩니다(그리워졌습니다).

학창 시절 한때 "그대 이름은 바람, 바람, 바람 왔다가 사라지는 바람"이라는 가사를 지닌 대중가요가 유행했는데 "바람에 흔들린 나"와 같은 이런 문구가 열정이 가진 원래 의미를 잘 표현해줍니다. 열정의 이런 수동적인 뜻이 극대화되면 "수난"(심하게 겪는 것)이라는 뜻으로도 쓰이는데요. 영어로 예수의 수난을 "passion of Christ"라고 할 때가 그 좋은 예입니다. 현대 영어의 passion처럼 현대 한국어의 열정이라는 말도 능동적인 뜻을 지니고 있기에 이 수동적인 어원이 의아하게 느껴질 수 있는데, 여기서 두 가지를 미리 짚고 넘어가고 싶습니다.

첫째, 열정이 지닌 이 수동적인 면이 열정에 대한 이야기에서 의미심장합니다. 그것은 열정을 우려하는 철학자들이 그 수동성에 문제를 제기하는 경우가 많기 때문이죠. 둘째, 그렇지만 열정엔 이렇게 수동적인 면만 있는 것이 아니라 능동적인 면도 있습니다. 수동성과 능동성이 공존하는 것이죠.

열정에 대한 아퀴나스의 관점을 소개하기 전에 열정을 부정적으로 여긴 대표적 철학 학파인 스토아학파를 먼저 소개하겠습니다. 이들의 관점을 들으면 왜 많은 철학자가 열정을 우려스러운 눈으로 바라보는지 이해하는 데 도움이 되기 때문입니다.

고대 그리스 철학의 양대 거목인 플라톤과 아리스토텔레스가 죽은 후 그리스와 로마에 다양한 철학 학파가 등장했는데요. 그중 하나가 스토아학파입니다. 스토아학파는 한마디로 이성 중심의 철학이라 할 수 있습니다. 이들에게는 이 우주 자체가 이성이며 삼라만상이 이성적인 원리나 원칙에 따라 펼쳐집니다. 이런 의미에서 이들에게 신은 기독교의 신처럼 의인화된 존재가 아니라 바로 이치나 원리 자체입니다. 이런 이성적인 세계관을 지닌 스토아 철학자들에게 잘 산다는 것은 곧 이성을 좇아 사는 것입니다. 그 말을 바꿔 풀이하자면 이성적인 삶을 사는 데 방해가 되는 것은 경계해야 한다는 뜻인데요. 이때 그 방해꾼이 바로 열정입니다. 이들은 열정을 이성을 거스르는 잘못된 판단이나 평가로 정의합니다. 감정에 휩싸여서 해야 할 일을 제대로 못 한 경험이 여러분에게도 있겠지요? 예를 들어 취미생활 모임에서 우연히 어떤 사람을 보았는데 한눈에 반했다고 해봅시다. 자꾸만 그 사람 얼굴이 눈앞에 아른거리겠죠? 궁금해진 나머지, 그 사람의 SNS 계정에 들어가 사진을 찾아보느라 업무에 집중할 수 없는 경우입니다.

이렇게 사랑의 포로가 된 여러분을 본다면 스토아 철학자들은 이 포로라는 말을 달콤한 사랑의 언어로 여기는 것이 아니라 말 그대로 자기감정의 포로가 되었다며 여러분에게 안타까움을 표할 것입니다. 그들은 주저 없이 열정을 "영혼의 병"이라고 부르며 열정이 없는 상태(a-pathy)를 이상적으로 여깁니다.

그렇지만 스토아 철학자들이 모든 감정을 거부한다고 할 수는 없습니다. 이들이 거부하는 감정, 즉 잘못된 감정은 이성과 자연의 이치를 거스르는 것으로, 이런 감정은 외부 사태에 대해 과장되거나 틀리게 판단했을 때 생깁니다. 반대로 좋은 감정(eu-patheia)은 사태를 제대로 보았을 때 생기는 감정인데, 이런 감정은 현자도 지니고 있다고 보았습니다. 감정이 외부 세계에 대한 판단에 기초하는 만큼 과장되고 틀린 판단을 바로잡음으로써 잘못된 감정도 좋은 감정으로 바꿀 수 있다는 것이 이들의 생각입니다.

암과 투병하는 사람들을 가까이에서 본 이후 저는 암에 걸릴까 봐 두려워하는 마음이 항상 있는데, 스토아 철학자 친구가 있다면 제게 아직 일어나지 않은 미래의 일을 두려워하기보다는 암이라는 것에 대해 제대로 판단해("암은 이러이러한 것이다.") 조심하는 마음으로 감정을 정화하라고 충고할 것입니다. 물론 스토아 철학자는 질병마저도 근본적으로는 내 통제를 벗어난 외부 사태로 보기 때문에, 암에 걸렸다 하더라도 그것을 올 것이 왔다는 마음으로 담대하게 받아들이려고 할 테지만요.

위에서 본 것처럼, 스토아 철학자들이 감정에 대해 딱 부러지게 말할 수 있는 이유는 이들에게 유일한 평화와 행복의 길은 내면에 있고 외부 사태는 행복과는 근본적으로 무관한 만큼 무심하게 다뤄야 할 대상이기 때문입니다.

이런 스토아 철학자들의 냉정함 혹은 냉철함을 잘 보여주는 삶의 지침 중의 하나가 아는 사람이 죽어 장례식에 갔을 때 가족들 앞에서는 같이 울어주어도 마음속에서는 절대로 감정에 휘말리지 말고 냉정함을 유지해야 한다고 할 때입니다. 이들에게 죽음은 세상만사가 그렇듯 어차피 일어날 일이 일어난 것이기에 슬퍼해야 할 일이 아닙니다. 그런데 그것을 슬픈 일로 여기고 내 통제를 벗어난 다른 사람의 슬픔까지 내 것인 양 슬퍼한다면 헛된 일에 감정을 소진하고 있는 셈입니다.

열정에 대한 스토아 철학자의 입장을 여러분은 어떻게 생각하십니까? 어찌 보면 열정에 대해 명쾌한 대답을 내린 것 같기도 한데 최소한 두 가지 의문이 생깁니다. 첫째, 열정이 정말 우리 삶에 방해가 되는 것일까? 둘째, 열정이 삶에 방해가 된다고 하더라도, 그것이 통제될 수 있는 것은 아닐까? 그럼 이 두 가지 문제를 아퀴나스의 관점에서 접근해보겠습니다.

두 번째 질문, 즉 감정이 통제될 수 있는가, 하는 문제를 먼저 생각해보기로 하겠습니다. 여기서 통제라고 하는 것은 이성에 의한 통제이기에 이 질문은 감정이 (최소한 어느 정도는) 이성적일 수 있는가, 아니면 완전히 비이성적인 것인가 하고 묻는 것과 같습니다. 이성의 힘이 감정에 전혀 미치지 못한다면 통제 역시 불가능하기 때문입니다. 아퀴나스에 의하면 감정은 아침에 일어났을 때 느끼는 배고픔 같은 것과는 다릅니다. 배고픔이라는 것은, 그러니까 배고픔을 느끼는 그 자체는 우리가 통제할 수 있는 것이 아닙니다. 감정이 배고픔과 다른 이유는 그것이 비이성적인 면뿐만 아니라 이성적인 면도 지니고 있기 때문입니다. 이 말을 더 잘 이해하려면 아퀴나스의 인간론을 잠시 살펴볼 필요가 있습니다.

아퀴나스의 인간론은 그 기본 틀이 아리스토텔레스에서 왔습니다. 그는 인간을 영혼과 육체의 결합으로 봅니다. 여기서 이 결합의 속성에 대해 주목해야 합니다. 플라톤 같은 철학자들도 인간을 영혼과 육체의 결합으로 보았지만, 이때 그 결합은 물과 기름처럼 겉도는 결합입니다. 소위 말하는 이런 이원론적 결합을 잘 보여주는 것이 그의 유명한 배와 선장의 이미지입니다. 선장(영혼)은 배(육체) 위에서 배를 조정하는 것일 뿐 배 자체가 아닙니다. 하지만 아퀴나스에 의하면 영혼과 육체 사이의 경계는 덜 분명하며 그 결합이 비교적 친밀합니다. 이런 자신의 철학적인 관점을 아퀴나스는 "하위 존재의 꼭지와 상위 존재의 바닥이 맞닿는 식으로 만물이 연결되어 있다"는 원리로 설명합니다.

열정에 대한 토론에서 아퀴나스는 이 우주적 원리를 인간의 영혼 내부에도 적용합니다. 우주가 대체로 광물, 식물, 동물 그리고 인간의 순으로 위계질서를 이루는 것처럼 인간의 영혼 내부에서도 이성적인 부분과 비이성적인 부분 사이에 위계질서가 존재한다는 거죠. 하지만 비이성적인 부분과 이성적인 부분이 분리되어 있다기보다는 긴밀하게 연결되어 있다고 주장합니다.

비유를 들어보겠습니다. 어떤 두 부분 사이에 양쪽을 가르는 높은 철책이 존재한다기보다는 경계선은 있지만 서로 왕래가 가능한 낮은 벽이라거나 벽 자체에 작은 구멍이 나 있다고 상상하면 어떨까요? 어젯밤 동료들과 새벽 두 시까지 회식을 한 후 회사에 출근한 미란 씨는 여전히 피곤합니다. 업무에 집중하기가 힘들어요. "삭신이 쑤시니 아무것도 머리에 안 들어오네" 하고 느끼는 미란 씨는 이성('머리')과 비이성('삭신') 사이의 벽이 상당히 낮다는 걸 느낍니다. 이 미란 씨의 경우가 비이성적인 부분이 이성적인 영역으로 흘러들어 영향을 준 예라면, 반대로 이성적인 부분이 비이성적인 부분에 영향을 끼치는 경우도 생각해볼 수 있겠지요.

나도 모르게 일어나는 (그런 의미에서 비이성적인) 분노를 예로 들어 설명해보겠습니다. 신입 사원 승기 씨가 어제 산 상큼한 핑크색 봄 셔츠를 입고 "좋은 아침!" 하면서 사무실에 들어섭니다. 직장 상사가 승기 씨를 위아래로 훑더니 "일이나 잘하지, 셔츠 색깔이 그게 뭐야?" 하고 툭 뱉습니다. "아니, 아침부터 사람을 이렇게 무시해도 되는 거야?" 하는 생각과 함께 승기 씨는 화도 나고 자존심이 무척 상합니다. 마음 같아서는 시원하게 펀치를 한 방 날리고 싶습니다. 아니, 이미 날렸습니다—마음속에서. 하지만 승기 씨는 "아, 예, 뭐" 하고 말을 흐리고는 자기 자리로 갑니다.

사실 많은 경우에 승기 씨처럼 우리는 분노를 참을 수 있습니다. 그런데 우리가 화가 날 때마다 욱하는 심정에 물건을 집어 던지거나 사람을 친다면 자기 통제력 혹은 자제력이 없다는 말을 듣게 될 것입니다. 요즘 법원에서는 이렇게 감정을 통제하지 못하고 '사고'를 치는 사람들에게 처벌 대신 더 효과적인 방법으로 "분노 조절 프로그램"에 등록하게 합니다. 이렇게 하는 이유는 분노라는 감정이 교육을 통해 순화될 수 있다는 암묵적인 믿음이 있기 때문입니다. 분노가 통제 불가능하다면—물론 병적인 이유로 통제가 안 되는 사람이 있을 수 있습니다— 그런 프로그램에 보내는 것이 무의미할 것입니다.

아퀴나스에 의하면 감정 자체("아니, 저 자식 말을 왜 저따위로 해!")가 일어나는 것은 어쩔 수 없다고 해도, 그 자체로 감정의 노예가 되는 것이 아니라 이성의 목소리("흠, 어제 집에서 좀 안 좋은 일이 있었나 보군.")에 귀를 기울일 수 있습니다. 물론 감정이 촉발된 상태에서는 남의 말에 귀 기울이기가 쉽지는 않습니다. 그래서 아퀴나스는 스승인 아리스토텔레스의 말을 인용해 감정을 주인이 하는 말을 끝까지 듣지도 않고 시킨 일을 보러 뛰쳐나가는 하인에 비교합니다.

이렇게 감정이 이성의 영향 아래 있을 수 있다는 사실은 우리에게 동전의 양면 같은 두 가지 중요점을 시사합니다. 첫째, 우리는 많은 경우 이성으로 감정을 다스릴 수 (혹은 다독거릴 수) 있습니다. 둘째, 하지만 바로 그렇게 이성으로 다스릴 수 있기 때문에 자신의 감정에 대한 책임이 있습니다. 만약 어떤 부모가 아이가 말을 안 듣는다고 때려놓고는 "화가 나는데 어떡해요?" 같은 말로 '변론'을 한다면, 아퀴나스는 그런 말이 오히려 어른으로서 자신의 통제력 부족을 인정하는 것이라고 할 것입니다. 이런 아퀴나스의 관점이 왜 많은 경우에 아무리 감정이 북받친다고 하더라도 폭력이 합리화될 수 없는지를 잘 설명해줍니다.

이제 위의 첫 번째 질문, 즉 열정이 삶에 문제가 되는지에 대해 생각해보겠습니다. 앞에서 지적한 대로 열정이 문제가 된다고 생각하는 사람들은 열정이 지닌 수동성을 자주 지적합니다. 스토아 철학자들의 경우처럼 이들에게 흔히 현명한 삶이란 언제나 자기 통제하에 둘 수 있는 삶, 즉 이성적인 삶입니다. 아퀴나스는 여기에 대해 비교적 온건한 입장을 취하는데, 그의 생각을 이해하려면 먼저 수동적이라는 말을 좀 음미해볼 필요가 있습니다.

위에서 말한 것처럼 감정적인 사람이 수동적이라고 여겨지는 것은 외부의 자극으로 내면에서 무언가를 겪고 있기 때문입니다. 앞서 말한 것처럼, 자기 통제를 최고의 미덕으로 삼는 스토아 철학자들에게는 이런 일 자체를 겪지 않는 것이, 즉 외부의 어떤 자극에도 감정적인 동요가 전혀 없는 것이 좋겠죠. 그런데 과연 그게 미덕인지 곰곰이 생각해볼 필요가 있습니다. 그들의 논리를 따르자면 현명한 사람은 목석같은 인간이거나 좋은 감정만 지니고 있어야 하는데, 그건 좀 말이 안 되는 것 같지 않나요? 또한, 그들의 논리를 따르면 외부 사태를 너무 깊이 받아들이는 사람은 심약한 사람이 되는데, 이것 역시 바로 수긍하기엔 왠지 석연치 않습니다. 그 실마리가 스토아 철학자들이 수동성을 너무 제한적으로 혹은 단순하게 해석하는 것은 아닐까, 하는 의심입니다. 무언가를 마음 깊이 느낀다는 것은 감수성과 수용력이 뛰어나다는 뜻도 됩니다. 여러분이 알고 있는 예술가를 떠올려보십시오. 예민하지 않거나 감수성이 강하지 않은 사람이 있나요? 이들의 삶에서는 감수성이 영감을 불러옵니다. 그래도 이런 예민함이 문제라고 생각된다면, 소위 말하는 무딘 사람과 이야기했을 때를 떠올려보십시오. 말이 전달이 잘 안되고 벽에다 이야기하는 느낌이 듭니다. 그렇다면 감수성이 뛰어난 사람과 이야기하는 것은 어떻습니까? 여러분 주위에 고민을 잘 들어주는 친구가 있다면 그 사람을 떠올려보십시오. 다행히 제게도 그런 친구가 있는데, 그 친구와 이야기를 하면 제 이야기 한마디 한마디가 수용되고 있다는 느낌에 이야기를 더 많이 그리고 더 깊게 하고 싶어집니다. 그리고 이것은 제게 큰 위안과 도움이 됩니다.

그런데 여기서 말없이 이야기를 들어준다고 제 친구를 수동적이라고 하는 것은 어떻습니까? 그것은 분명 어폐가 있습니다. 아퀴나스 역시 여기에 동의합니다. 자발성과 비자발성, 즉 능동성과 수동성에 대해 토론하면서 그는 겉으로는 수동적으로 보이지만 실제로는 능동성에 가까운 특이한 유형의 수동성이 있다고 지적합니다. 원하지 않는데 계속 외부 사태에 흔들린다면 단순히 수동적인 사람이 되겠지만, 이런 특이한 유형의 수동적인 사람은 그 일을 오히려 겪고 싶어 합니다. 즉 적극적으로 그것을 수용합니다. 위에서 말한 제 친구가 그런 특이한 사람이 아닌가 싶습니다. 힘들 때 제가 장황하게 늘어놓는 말을 한 귀로 듣고 다른 한 귀로 흘린다면 제 친구가 수동적인 청자가 되겠지만(억지로 제 말을 들어주어야 할 테니 말이에요), 저에 대한 애정에서 가슴으로 제 말을 들어줄 때 이것은 수동적인 것이 아니라 오히려 적극적인 행위가 됩니다.

이런 아퀴나스의 생각을 저는 다음과 같이 해석·정리하고 싶습니다.

열정에 휩싸인 사람이 보여주는 수동성은 단순한 수동성이 아니라 능동성의 토대가 되는 감수성을 의미할 수도 있으며, 나아가 이 능동성을 발휘해 자신만의 아름다운 꽃을 피워낼 수 있다.

✿

성 프란치스코(1181/2~1226)가 그 좋은 예가 아닌가 싶습니다. 프란치스코는 이탈리아 아시시의 부유한 상인의 집에서 태어났는데, 주위에서 구걸하는 거지들을 보고 충격을 받습니다. 마음속에서 혼란이 일어납니다. 하지만 이런 내면적인 혼란과 충격이 있었기 때문에, 더 정확히 말해 그것을 기꺼이 수용했기 때문에 나중에 수많은 사람을 감동하게 한 프란시스코회를 만들지 않았습니까? 만약 그가 외부 상황에 기꺼이 자신을 노출하고 흔들리는 것을 마다하지 않는 감수성이 강한 젊은이가 아니었다면 역사는 한 명의 성인 대신에 평범한 젊은이를 만났을 것입니다. 세상에 기꺼이 자신이 흔들리도록 두었다가 나중에는 세상을 흔들게 된 장본인이 된 그의 삶을 영국 작가인 G. K. 체스터튼이 다음과 같이 잘 표현하고 있습니다.

"겉으로 보면 그는 바람에 영원히 춤추는 앙상한 얇은 가을 잎처럼 보였을 것이다. 하지만 사실 바람은 바로 그였다."

물론 이런 감수성이 때로는 인생의 파멸 같은 정반대의 결과를 가져올 수도 있습니다. 19세기 프랑스 조각가 카미유 클로델(1864~1943)의 경우가 그런 예가 아닐까 싶습니다. 대학 시절 카미유 클로델의 전기를 다룬 영화를 보았는데 (적어도 그 영화에 소개된 바에 의하면) 클로델은 뛰어난 조각가였지만 로댕과 사랑에 빠지면서 열정에 휩싸여 파괴적인 삶을 살다 나중에 정신병원에서 쓸쓸히 삶을 마무리했습니다.

열정이 이렇게 상반된 결과를 가져오는 것은 왜일까요? 혹은 왜 같은 외부 자극에 대해 사람들이 다른 반응을 보이는 걸까요? 아퀴나스는 이성의 열정 개입 여부로 그 차이를 설명합니다. 즉 외부의 자극으로 일어난 열정이 나중에 이성과 어떤 관계를 맺느냐에 따라 그 여정과 종착역이 달라진다는 것입니다. 간단히 말하자면, 아퀴나스에 의하면 열정이 추진력이 되어 자기만의 독특한 꽃을 피울 수 있었던 것은(위에서 성 프란치스코의 경우), 그 열정이 이성의 인도를 받았기 때문입니다.

언젠가 신문에서 뇌 병변 장애가 있는 사람이 15년 만에 교사라는 꿈을 이루었다는 기사를 읽은 적이 있습니다. 이 사람이 이렇게 꿈을 이룰 수 있었던 것은 열정이 있었기 때문이라는 것에 동의할 것입니다. 그런데 과연 열정만으로 이렇게 오랫동안 꿈을 좇을 수 있었을까요? 그의 열정이 꺾이지 않고 오랜 세월을 갈 수 있었던 것은 열정이 흔들리려고 할 때마다 이성이 단단하게 붙잡아주었기 때문입니다. 이렇게 이성의 열정 개입 여부에 따라 열정의 색깔과 내용이 달라집니다. 즉 열정으로 인해 우리는 자신의 꿈을 차근차근 이뤄나가는 건설적인 삶을 살 수도 있고, 열정에 휩쓸려 갈피를 잃어버린 채로 파괴적인 삶을 살 수도 있습니다.

열정이 동시에 흠모와 두려움의 대상인 이유가 바로 여기에 있습니다. 사랑도 젊었을 때 해야지 나이가 드니 무서워서 못

하겠더라, 하고 고백한 사람의 말이 떠오르는군요. 다시 말해, 열정은 엄청난 힘을 지니고 있지만, 그 자체가 방향성을 지니고 있지는 않습니다. 따라서 이성의 인도가 함께 하지 않을 때 금방 사라지고 말거나 아니면 좋지 않은 일에 그 힘을 발휘하게 될 수도 있습니다. 멋진 신년 계획을 세워놓고 의욕에 불타다가 삶에 커브볼이 몇 개 들어오자 포기해버린 경험을 누구나 해보았을 것입니다. 이 경우 어떤 일을 이루자면 열정만으로는 부족하고 그것을 지속시켜주고 인도해주고 강화해주는 이성적인 힘이 함께해야 한다는 것을 절실히 느끼게 됩니다.

이제 열정에 관한 이야기를 마무리해보겠습니다. 결론적으로 아퀴나스가 생각하는 제대로 된 열정은 위에서 함께 살폈듯이 이성이 녹아든 열정, 즉 '이성화된 열정'입니다. 이 글 서두에서 평생을 수사로 지낸 사람이 열정에 대해 하는 말을 믿을 수 있을까 하는 의문을 제시했는데, 수사다운 깔끔한 열정론을 제시했다고 생각하지 않습니까? 재미있는 점은 이런 이성화된 열정의 경우, 이미 열정에 이성이 녹아들어 있어서 이성이 깃든 열정의 소유자가 우리가 으레 떠올리는 열정적인 사람의 이미지와 달라 오히려 열정이 없는 사람으로 오해받기 쉽다는 것입니다. 흔히 우리는 열정적인 사람을 외향적이고 무슨 일이든 자기가 도맡아 하고, 액션이 화려하고 자기표현이 풍부한 사람으로 여깁니다. 그런데 아퀴나스가 추천하는 이성화된 열정은 자기반성이 반드시 따르기에 오히려 내면을 파고드는 경향이 있는 내성적인 사람에게서 발견될 때가 많습니다. 영어에 "조용한 열정"(quiet passion)이라는 표현이 있는데 조용한 사람이 지닌 열정이 훨씬 뜨거울 수 있다는 말이죠. 반대로 빈 수레가 요란하기만 할 수도 있습니다. 표지만 보고 책을 판단하지 말라는 말이 있는데 열정에 대해서도 비슷한 말을 할 수 있습니다—피상적인 행동을 보고 열정을 판단하지 마시라! 이제 아퀴나스가 여러분에게 다시 묻습니다—여러분은 열정적인 사람입니까?

> Q. 아퀴나스가 말하는 '이성적인 열정'을 경험해본 적이 있습니까? 있다면 그것이 보통의 열정과 어떻게 달랐습니까?

아리스토텔레스

야외 수업을 하는 것처럼 정원을 거닐며 진지하게 이야기를 나누는 교수와 학생들이 보입니다. 이 교수의 박식함은 이미 정평이 나 있습니다. 철학, 심리학, 미학, 언어학, 경제학, 정치학, 생물학 – 사실 그가 경험하는 모든 것은 그의 사고의 촘촘한 그물에 걸려 분석의 대상이 됩니다. 이러니 같은 세상을 살아도 그의 경험은 보통의 사람과 다를 수밖에 없습니다. 오늘 수업의 주제는 "무엇이 진짜인가"입니다. 교수는 답변으로 그의 스승이 가리킨 하늘 대신에 땅을 가리킵니다. 더 구체적으로 정원 여기저기를 뛰어다니는 다람쥐를 가리키며 그것이 "정말로 진짜"라고 합니다. 학생들 사이에서 의아해하는 표정이 나타나고 여기에 대한 토론이 진행됩니다.

해야 할 일은 왜 하기 싫을까?

Q. 어떤 일을 할 때 하기 싫다는 생각이 강하게 듭니까?
그리고 그런 생각이 실제 일을 할 때 주는 영향이 있습니까?

어떤 일을 해야 하는데 너무 하기 싫을 때가 있습니다. 혹은 어떤 일을 하지 말아야 하는데 너무 재미있어 그만두기가 힘들 때가 있습니다. 누구나 이런 경험을 해보았을 거라고 생각합니다. 그럴 때는 해야 하는 일이 재미있으면 얼마나 좋을까, 하는 바람이 간절해집니다.

대다수 서양 고전 철학자들은 삶을 잘 사는 데 중요한 것이 무엇이냐는 질문을 받으면 이성이라고 답할 것입니다. 이들에게 바른 삶은 이성의 인도를 받아 사는 삶이기 때문이죠. 하지만 이성이 하는 일을 감정이 항상 받쳐주지 않는다는 것이 문제입니다. 이렇게 이성과 감정이 따로 놀 때 삶이 힘들고 복잡해집니다. 소위 말하는 삶의 드라마는 주로 여기에 기인하는데, 바로 이런 이유로 이성을 강조하는 윤리학자들에게는 역설적으로 감정이 중요한 문제로 등장합니다. 이들은 감정을 이성의 방해꾼이 되지 않게 하는 데서 그치는 것이 아니라 더 나아가 이성의 조력자로 만드는 데 관심이 많습니다. 여러 철학자가 이에 대해 고민했지만 저는 아리스토텔레스가 문제의 중요성을 《니코마코스 윤리학*Nicomachean Ethics*》에서 가장 잘 꼬집었다고 생각합니다.

오늘은 제대로 된 감정이나 정서가 올바른 삶을 사는 데 얼마나 중요한가 하는 문제를 아리스토텔레스와 함께 생각해보기로 하겠습니다.

우리가 고통과 쾌락에 대해 한번쯤 깊이 생각해볼 필요가 있는 것은, 그것이 살면서 항상 부닥치는 문제이기 때문입니다. 그래서 흔히들 인생을 생사고락이라고 하는지도 모르겠습니다. 고통과 쾌락이라고 하면 거창하게 들리지만, 작은 일이든 큰일이든 무슨 일을 하더라도 우리는 거기에 대해 좋거나 싫은 느낌을 받게 됩니다. 이런 의미에서 고통과 쾌락의 문제는 우리가 태어난 순간부터 죽는 날까지 늘 우리와 함께합니다.

배후자나 파트너 같은 삶의 동반자가 나와 마음이 맞지 않으면 싸움이 잦고 삶이 고달파집니다. 나와 나 자신의 감정과의 관계도 마찬가지입니다. 그런데 배후자나 파트너 같은 관계는 정 마음이 맞지 않아 같이 있는 게 오히려 불행하다면 마음 단단히 먹고 별거하거나 이혼하면 됩니다. 하지만 좋고 싫음을 느끼는 감정은 나 자신의 일부이기 때문에 도무지 갈라설 수가 없습니다. 아니, 사실 그럴 수도 있습니다. 자신의 감정을 덮어둔 채 무시하는 경우죠. 세상에는 물론 스스로의 감정에 벽을 쌓고 사는 사람들도 있습니다. 하지만 그런 사람의 삶은 잠시 편할지는 몰라도 풍요롭지는 않을 것입니다.

이처럼 고통과 쾌락의 문제를 다룰 때 그것이 평생 나와 함께한다는 사실 외에 또 한 가지 기억해야 할 중요한 점이 있습니다. 바로 인간이라면 누구나 자연스레 쾌락을 좇고 고통을 피하려고 하는 경향이 있다는 것입니다. 사실 이것은 인간을 포함해 쾌락과 고통을 느낄 수 있는 존재(예: 고양이, 개)라면 누구에게나 해당하는 사실입니다. 이가 좋지 않아 치과에 자주 가야 하는 저는 치과 의자에 앉아 "기다리세요, 곧 선생님 들어오실 거예요" 하는 말을 들으면 가벼운 '전율'이 느껴지면서 그 자리를 피하고 싶습니다. 만약 치과 의자에 앉아 있으면서 좋아하고 흥분하는 사람이 있다면, 그것은 그 치료 후 유익한 결과에 대한 기대이지 곧 닥칠 치료에 대한 것은 아닐 겁니다. 마찬가지로 즐거운 것에 마음이 동하지 않는 사람은 없습니다.

사실 고통을 쾌락으로 여기는 사람들이 세상에 없는 건 아닙니다. 그런 사람을 시쳇말로 '변태'라고 부르는데, 아리스토텔레스도 그 말에 이의를 제기하지는 않을 것입니다. 쾌락을 좇고 고통을 피하는 것이 인지상정인데 거꾸로 느낀다면 비정상적이라고 해도 과언이 아니기 때문이지요.

고통과 쾌락에 대해서 위에서 지적한 두 가지 중요한 점을 아래에 다시 한번 정리해보겠습니다.

첫째, 고통과 즐거움 그리고 거기에서 오는 싫고 좋은 느낌은 죽을 때까지 우리와 함께합니다.
둘째, 우리에게는 즐거움을 좇고 고통을 피하려는 본능적인 경향이 있습니다.

위의 두 생각에 동의한다면, 이 문제를 이렇게 생각해보는 것은 어떨까요? 고통을 피하고 즐거움을 좇는 것이 인간의 타고난 경향이고, 무슨 일을 하든 고통이나 즐거움이 따른다면, 이런 감정을 애써 부인하거나 거기에 저항하려고 하는 것보다 내 편이나 협력자로 만드는 것이 현명하지 않을까요? 그럴 수 있다면 인생을 성공적으로 살 수 있을 것 같습니다.

물론 감정과 이성이 일치해야만 성공적인 인생을 살 수 있는 건 아닙니다. 이성으로 감정을 억누르고, 즉 하기 싫은 마음을 꾹 참고, 해야 할 일을 하는 것이 비도덕적인 삶도 아닙니다. 사실 많은 성실한 사람들이 그렇게 인생을 삽니다. 그러나 그런 삶에서 아쉬운 점이 있다면 이런 내면적 갈등으로 인해 인생이 복잡하고 고달파진다는 것입니다.

아리스토텔레스에 따르면 성공적인 삶이지만 내면적 갈등이 있는 삶과 성공적인 삶이면서 내면적 갈등도 없는 삶 사이에는 질적으로 큰 차이가 있습니다. 이에 대해 잠시 살펴보도록 하겠습니다.

먼저 아리스토텔레스는 윤리적 품성을 대략 여섯 부류로 나누는데, 여기서는 극단적이고 드문 품성 둘을 제외하고 나머지 네 품성, 즉 유덕한 품성, 자제력 있는 품성, 자제력 없는 품성, 그리고 악덕한 품성을 비교해보겠습니다. 이렇게 하면 위에서 말한 내적 갈등이 있는 삶과 그렇지 않은 삶이 얼마나 질적으로 다른 삶인지 이해하는 데 도움이 됩니다. 편의상 네 사람의 대학생이 있는데, 모두 기말 시험지 답안을 보여주면 돈을 주겠다는 '은밀한 유혹'을 받았다고 해봅시다.

유덕한 사람의 경우 감정과 이성이 일치하는 품성을 지녔으므로 그 제안을 받았을 때 마음의 동요 없이 "안 돼" 하고 쉽게 거절할 수 있습니다. 두 번째로 자제력 있는 사람은 이성과 감정이 일치하지는 않지만, 감정을 자제할 수 있습니다. 따라서 그 유혹적인 제안을 들었을 때 이성과 감정 사이에 실랑이가 벌어지지만 결국 이성이 승리해 그 제안을 뿌리칩니다.

그다음으로 자제력이 없는 사람의 경우, 이성과 감정이 일치하지 않을뿐더러 감정을 누를 자제력도 없습니다. 따라서 그 제안을 들었을 때 생기는 이성과 감정 간의 실랑이에서 결국 감정이 승리해 그 제안을 수락하게 됩니다. 이렇게 감정에 무너졌지만, 머릿속으로는 여전히 그러면 안 된다는 것을 알기에 자제력이 없는 사람은 자신이 한 행위에 대해 후회합니다.

마지막으로 악덕한 사람의 경우 부정행위가 나쁘기는커녕 오히려 잘된 일이라고 생각합니다. 따라서 마음의 갈등이 전혀 없이 흔쾌히 그 제안을 수락합니다. 부정행위가 그릇된 행위라고 생각하지 않기 때문에 악덕한 사람은 자신의 행동에 대해 후회도 하지 않습니다.

먼저 악덕한 품성과 자제력 없는 품성을 비교해보겠습니다. 외형적인 결과, 즉 행동만을 본다면 둘 다 도덕적으로 비난받을 만한 품성입니다. 그러나 아리스토텔레스는 도덕적인 판단을 내릴 때 행위자의 외형적 행동만이 아니라 내면의 의도와 감정도 고려해야 한다고 주장합니다. 그렇다면 악덕한 사람은 단순히 행동에만 문제가 있는 것이 아니라 이성(판단력)과 감정에도 문제가 있습니다. 그릇된 행동을 괜찮은 행동이라고 생각할 뿐만 아니라 그런 행동을 하고 싶어 하기 때문이지요.

이런 이유로 악덕한 품성은 자제력 없는 품성보다 나쁜 품성이며 갱생의 가능성도 적습니다. 법정에서 재판장이 형을 선고할 때 유죄가 확정된 피고의 참회 여부를 고려하는 이유가 여기에 있습니다. 참회를 하는 사람은 그래도 갱생의 희망이 있기 때문이죠.

유사한 비교를 유덕한 품성과 자제력 있는 품성에 대해서도 할 수 있습니다. 이 경우에도 행동 자체만을 가지고 도덕성을 평가한다면 이 두 품성 사이엔 차이가 없습니다. 하지만 아리스토텔레스에 의하면 유덕한 품성이 자제력 있는 품성보다 훌륭한데, 그 이유는 유덕한 사람의 경우 좋은 행위를 할 때 감정이 그 행위를 따라 주기 때문입니다. 즉, 유덕한 행위자는 옳은 일을 할 뿐만 아니라 그런 일을 할 때 기쁘기까지 합니다. 그런데 자제력 있는 품성의 경우 무엇이 옳은지에 대한 판단을 제대로 내리고 그것을 실천에 옮기지만, 감정이 따라 주지 않기 때문에 자신이라는 장애물과 싸워야 합니다. 옳은 일을 할 때마다 이렇게 자신과 싸워야 한다면 삶이 얼마나 피곤하겠습니까?

그래도 자제력 있는 품성과 유덕한 품성 사이에 별 차이가 없다고 생각한다면(사실 철학자 중에서 칸트가 이와 비슷하게 생각하는데, 그것에 대해서는 다른 기회에 다루기로 하지요), 집안일을 함께하는 남편이 있다고 상상해보십시오. 그 남편이 자제력 있는 품성이라면 집안일을 같이하는 것이 본인이 진정으로 그러고 싶어서라기보다는 남편으로서의 의무감에서 그렇게 할 겁니다. 하지만 그 남편이 유덕한 사람이라면 즐거운 마음으로 집안일을 하겠지요. 여러분의 남편이 전자라면 기분이 어떻겠습니까? 남편이 집안일을 같이 해서 좋기는 하겠지만, 의무감에서 한다는 생각에 조금 씁쓸한 느낌이 들지 않겠습니까? 이런 의미에서 아리스토텔레스는 우리가 어떤 행위를 할 때 행위 자체만이 중요한 것이 아니라 그 행위에 대해 느끼는 우리의 감정도 중요하다고 생각합니다. 외형적으로는 똑같은 행동이라고 할지라도 거기에 대해 우리가 어떤 감정을 가지느냐에 따라 그 사람의 품성과 품격이 달라지기 때문입니다. 즉 우리의 감정은 단순한 감정이 아니라 우리의 사람 됨됨이를 보여주는 거울과 같습니다.

저를 포함해 대다수 사람의 문제는 어떤 행동이 옳은지를 모른다기보다는 알고 있어도 실천이 잘 안된다는 것입니다. 여러분도 그런 경험이 있을 것입니다. 잠시 그 경험을 떠올려보십시오. 그리고 왜 실천에 옮기는 것이 쉽지 않았는지 생각해보십시오. 아리스토텔레스에 의하면 많은 경우 그 이유가 우리 자신의 감정이 동화 속 청개구리같이 반응하기 때문입니다. 즉 해야 하는 일은 지독히 하기가 싫고 하지 말아야 할 일은 하고 싶기 때문이죠. 여러분이 (보통의) 대학생이라면 시험공부를 하고 논문을 쓰는 것은 싫지만, 마음이 맞는 친구와 여행을 가고 맥주집에서 이런저런 이야기를 하는 것은 즐겁게 느껴질 겁니다. 해야 할 공부나 써야 할 논문을 생각하면 자꾸만 미루고 싶어지지만, 친구와는 하루종일 있어도 전혀 지루하지가 않습니다.

그런데 만약 공부하는 일이 절친한 친구를 만나는 것처럼 즐거울 수 있다면? 한번 상황을 연출해보겠습니다. 승기 씨는 심리학도인데 교수가 승기 씨를 불러 일을 부탁합니다.

교수: 승기 씨, 팬데믹 동안에 출산율이 늘 거라고 예측했는데, 오히려 줄었대요. 왜 그런지 한번 알아보았으면 해요. 우리 연구팀에서 뭔가를 곧 제출하고 싶으니까 여기 이 사무실에서 오늘 한두 시간 정도 데이터를 좀 찾아줄래요?

승기: 출산율이 줄었다고요, 교수님? 아, 그거 재미있네요! 왜 그럴까요?

(승기 씨는 눈을 반짝이며 바로 작업에 들어갑니다. 몇 시간이 지났습니다.)

교수: (시계를 보면서) 승기 씨, 이제 그만해도 될 것 같아요.

승기: (아쉬운 표정을 지으며) 교수님, 아, 벌써 시간이 그렇게 됐어요? 정보가 나올수록 재미있어지는데요. 내일 와서 작업을 더 할까요?

(못내 아쉬운 듯 자리에서 일어납니다.)

위의 상황을 읽고 피식 웃으면서 "별나라에서 온 학생인가? 지구에 저런 학생이 어디 있어? 학생의 본성은 공부를 싫어하는 건데"라고 할 사람이 있다는 것을 물론 압니다. 하지만 공부와 시험 치르는 걸 좋아하는 학생이 정말 있다면, 이 학생의 학교 생활은 얼마나 수월하겠습니까? 위의 승기 씨의 경우 공부하는 것이 재미있기에 "공부하라"는 말이 잔소리가 아니라 "나가서 친구와 맥주 한잔하고 와"라는 달콤한 말처럼 들릴 수 있는 것이지요.

일을 할 때 즐기면서 하면 일이 훨씬 수월할 뿐만 아니라 일도 더 잘하게 된다는 데에 여러분 모두 동의할 것입니다. 그렇다면, 문제는 어떻게 우리 자신을 그렇게 즐길 수 있도록 만드는가 하는 데 있겠군요. 바로 이것이 아리스토텔레스식의 정서 교육인데, 그것은 감정을 이성과 일치시키는 것, 즉 감정이 이성의 조력자가 되도록 만드는 것입니다. 그렇게 했을 때 우리는 바른 일을 할 때는 기쁘기 때문에 누가 시키지 않아도 자발적으로 더 하려고 하고, 반대로 그른 일을 할 때는 고통스럽기 때문에 말리지 않아도 스스로 하지 않으려고 하게 됩니다. 완벽하지 않습니까?

아리스토텔레스에 의하면 이런 정서 교육은 습관에 기초합니다. 모든 습관이 그러하듯 정서적인 습관 역시 반복될수록 강화되고 결국에는 제2의 천성으로 자리잡습니다. 조기 정서 교육이 중요한 이유가 바로 여기에 있습니다. 어렸을 때의 정서 교육이 어른이 되어 바른 삶을 사는 데 결정적인 역할을 하기 때문이죠.

이 말을 좀 더 잘 이해하기 위해, 진성이와 기태라는 다섯 살 된 아이가 있다고 해봅시다. 진성이의 부모님은 진성이가 다른 아이들을 배려하고 친절하게 대할 때마다 칭찬과 격려로 그런 행동을 강화했습니다. 그 결과 진성이는 착한 행동이 몸에 배어 그런 행동을 하는 것이 어렵지 않을뿐더러 즐겁기까지 합니다. 반면 불행하게도 기태의 경우 제대로 교육을 받지 못해 어린 나이지만 옳고 그름을 제대로 가리지 못하고, 또래 아이들이나 말 못 하는 동물을 괴롭히는 일에 재미를 붙입니다. 그리고 그런 행동을 하는 기태에게 부모나 사회는 관심을 보이지 않고 방치합니다. 이제 겨우 다섯 살인 진성이와 기태가 계속 이런 궤도를 그리며 성장한다고 생각해보십시오.

"가랑비에 옷 젖는 줄 모른다"는 우리 속담처럼 하찮게 보이는 것이라도 쌓이면 엄청난 힘을 발휘할 수 있습니다. 습관이 무서운 이유가 바로 여기에 있습니다. 어떤 행위든 계속 반복하게 되면 우리도 모르는 사이에 우리의 일부가 되며, 반복할 때마다 그 일에 조금씩 노련해집니다. 따라서 진성이의 경우 다른 사람의 고통에 마음 아파하는 성숙한 어른으로, 그리고 기태의 경우 남의 고통을 보고 기뻐하는 뒤틀린 어른으로 성장할 가능성이 크다는 데 이의를 제기할 사람은 없을 것입니다.

아이들이 어릴 때는 문제도 일으키고 할 수 있지 않냐고 반문할 사람도 있을 것 같은데, 거기에 대해서는 이렇게 답변하고 싶습니다. 이 문제는 인격 형성에 직결되기 때문에 간과할 수 없는 중요한 문제이며, 또 바로 그래서 오히려 어린 나이라는 것이 심각한 문제로 대두된다고 말이에요.

언젠가 텔레비전에서 법의학 심리학자가 연쇄 살인범을 인터뷰하는 것을 본 적이 있습니다. 살인범은 자신의 유년 시절에 대해 이야기했는데요. 그는 집안에서 학대를 당했고 쌓인 분노를 기회가 있을 때마다 다른 아이들을 괴롭히고 동네에 있는 개나 고양이를 잔인하게 죽이는 걸로 표출했다고 합니다. 그러면서 그것이 "재미있었다"(fun)라고 고백했습니다. 그 인터뷰를 들으면서 저는 어린아이가 그렇게 잔인한 행동을 했다는 것보다 그것이 "재미있었다"고 말한 데 더 충격을 받았습니다. 의미심장하면서도 섬뜩한 말이었으니까요.

이 사람은 인생의 첫 번째 단추를 잘못 낀 것처럼 어린 나이에 재미를 느껴서는 안 되는 것에 묘한 재미를 느끼게 되었고, 재미가 들자 계속 그 행위를 하고 싶어졌습니다. 더 짜릿한 스릴과 재미를 찾다 보니 당연히 더 대담한 범죄도 저지르게 되고 수법도 치밀해졌습니다. 나중에는 다른 사람의 목숨을 빼앗는 데 무감각한 수준을 넘어서 오히려 기이한 쾌락과 전율을 느끼게 되었다고 고백했습니다.

이 살인범의 현재 모습에서는 인간적인 모습을 찾아보기가 힘들지만, 만약 시곗바늘을 돌려 어린 시절로 돌아가 제대로 된 정서 교육을 받는다면 (물론 다른 사회적인 지원도 필요하겠지만) 그래도 그가 이런 잔인한 사람으로 성장했을까요? 이런 이야기를 들으면 아이들에게 그 무엇보다도 중요하고 필요한 것이 지능 개발이나 운동, 피아노 같은 것이 아니라 바로 제대로 된 정서를 갖게 하는 것이라는 생각이 간절해집니다.

"그런 말에 동의하지만, 어른인 나는 이제 정서를 바로잡기엔 너무 늦은 게 아닌가요? 자라온 과정을 지울 수는 없고……"라고 안타까워할 사람도 있을 것입니다. 여기에 짧게 답변을 먼저 하자면 "아니오"입니다. 아리스토텔레스가 조기 정서 교육을 통해 근본적으로 강조하고 싶은 것은 인격이 타고나는 것이 아니라 습관에 기초한 교육을 통해 만들어진다는 사실입니다. 습관이 무엇입니까? 습관은 천성과 달리(천성이라는 게 있다면) 습득할 수도 있지만 또 잃어버릴 수도 있는 유연한 어떤 것입니다.

직업이 프리랜서인 저는 일하는 시간이 비교적 자유로워 밤늦게까지 깨어 있으면서 이것저것 하는 것을 좋아합니다. 그런데 몇 년 전 새벽 대학 강의를 수락했는데, 처음에는 "보통 새벽 두 시가 넘어서 자는데, 다섯 시에 어떻게 일어난담?" 하고 좀 걱정이 되었습니다. 처음에는 새벽에 일어나는 것이 말 그대로 고통이었는데 그 일이 반복될수록 조금씩 쉬워졌고 학기가 끝날 즈음에는 자명종의 도움 없이도 일어날 수 있었습니다. 이런 예가 보여주듯 어떤 습관이든 반복적인 노력을 통해 익힐 수 있으며, 오랫동안 지닌 습관을 새로운 습관으로 바꾸려면 시간이 오래 걸릴 뿐입니다.

결론적으로 고통과 쾌락에 대해 아리스토텔레스는 두 가지 중요한 점을 우리에게 제시합니다.

첫째, 이성과 일치하는 건강한 정서 상태, 즉 고통을 느껴야 할 것에 대해 고통을 느끼고 기쁨을 느껴야 할 것에 대해 기쁨을 느끼는 것이 삶을 제대로 사는 데 매우 중요하다.
둘째, 그런 정서 상태를 우리는 교육(습관)을 통해 익힐 수 있다.

이 글을 쓰는 지금 새해가 시작된 지 얼마 되지 않아 많은 사람이 새로운 계획을 세우고 있을 때인데요, 감정 공부를 그 목록에 넣어보는 건 어떨까요? 생각도 습관이기에, 감정이 생각에서 유래한다면 생각을 바꿈으로써 감정도 바꿀 수 있지 않을까요?

> Q. 사람이든 일이든 어떤 대상에 대해 드는 싫은 느낌을 좋게 바꾸려고 시도한 적이 있습니까? 왜 그런 시도를 했으며 시도한 결과는 어땠습니까?

에피쿠로스

오래간만에 방문한 친구와 함께 흐뭇한 표정을 지으며 석양을 음미하는 사람이 보입니다. 이들 앞 탁자 위에는 거친 빵과 치즈 몇 조각만이 덜거덩하게 놓여 있습니다. 그런데 이 사람이 친구와 대화를 나누면서 중간중간에 이 음식을 어찌나 맛있게 그리고 또 운치 있게 먹던지, 이 방에서 나가면 저런 빵과 치즈를 구해서 먹어봐야겠다는 우스운 생각이 들 정도입니다. 이 방에서 풍기는 온화함과 평온함에 쾌락주의의 원조라는 문패가 혹시 잘못 달린 게 아닌가 하는 생각이 스쳐 지나갑니다.

쾌락적인 삶 = 행복한 삶?

Q. 쾌락이 우리 삶에서 얼마나 중요하다고 생각하십니까?

여러분은 쾌락적인 삶이 행복한 삶이라고 생각하십니까? 이 질문에 대해 주저 없이 그렇다, 라고 답변한 철학 학파가 있는데 바로 쾌락주의파라 불리는 에피쿠로스학파입니다. 에피쿠로스학파는 고대 그리스 시대에 플라톤과 아리스토텔레스가 죽고 난 후 시선을 끈 철학 학파인데 창시자는 에피쿠로스(341~271 B.C.E.)입니다. 당시 쾌락주의를 주장한 학파가 에피쿠로스학파뿐인 것은 아니지만 이들이 가장 잘 알려져 있습니다. 쾌락주의라는 말이 암시하듯 이들에게 쾌락과 행복은 동일선상에 있습니다. 철학을 고리타분한 것으로 생각하다가 철학자가, 더군다나 윤리학자가 쾌락을 추구하라는 말을 듣고는, "와, 간만에 탁 트인 철학자를 만났네!"하는 생각이 들 수도 있습니다. 하지만 쾌락을 추구하는 것이 과연 행복을 가져올까요? 이번 만남에서는 에피쿠로스학파와 함께 이 질문에 대해 한번 생각해보도록 하겠습니다.

철학의 중요한 역할 중의 하나가 당연하게 생각하는 것을 진지하게 고찰해보도록 이끄는 것인데요, 쾌락 역시 훌륭한 철학적 사유의 대상이 됩니다. 이런 철학적 사유가 주는 가장 큰 장점은 쾌락에 대한 어떤 명쾌한 결론을 짓는 것이 아니라―사실 이것은 아주 힘든 일입니다― 그것이 지닌 미묘하고 복잡한 면을 더 잘 이해하게 돕는다는 것입니다.

에피쿠로스가 쾌락에 집중한 데엔 이유가 있습니다. 인간을 포함해 감각을 지닌 존재라면 누구나 '쾌락은 좇고 고통은 피하려는' 자연스러운 경향을 지니기 때문입니다. 여기서 자연스럽다는 말은 가정이나 사회에서 배우지 않아도 본능적으로 그런 경향을 지닌다는 뜻입니다. 인간이 지닌 이런 보편적인 경향에 착안해 에피쿠로스는 쾌락은 좇고 고통은 피하는 것이 행복한 삶의 출발점이자 궁극적인 목표, 즉 알파요 오메가라고 했습니다.

이 의견에 동의하십니까? 여러분의 삶에 대해 생각해보십시오. 공부나 시험, 여러 도전을 포함해 수많은 일을 왜 하는지 한번 생각해보십시오. 즐거운 인생이 그 궁극적인 목표입니까?

쾌락이 어떻게 존엄한 인생의 목표가 될 수가 있느냐며 쾌락주의라는 말 자체에 눈살을 찌푸릴 사람도 있을 듯합니다. 쾌락주의자 하면 보통 떠오르는 이미지가 있습니다. 하루가 멀다 파티를 하고 몇 주에 한 번씩 애인을 바꾸며 맛있는 음식을 먹으러 다니는 이미지죠. 한마디로 본능에 충실한 사람이라고 할 수 있겠습니다. 사실 에피쿠로스에서 유래한 epicurean이라는 말은 현대 영어에서 미식가 혹은 감각적 쾌락(특히 식도락)을 좇는다는 의미로 여전히 쓰이고 있긴 합니다. 그런데 흥미롭게도 쾌락주의자의 원조 격인 에피쿠로스는 실제로 오히려 아주 검소하고 소박한 생활을 한 것으로 알려져 있습니다. 쾌락주의자가 검소한 생활을 한다는 것이 좀 이상하게 들릴 수 있는데, 에피쿠로스 입장에서 본다면 그의 쾌락주의를 우리가 오해하고 있는 것이지요. 제대로 이해한다면 왜 소박한 삶이 쾌락주의의 당연한 귀결인지 수긍할 거라고 에피쿠로스는 말합니다.

이제 에피쿠로스의 쾌락론에 대해 조금 깊이 들여다보도록 하겠습니다. 이 글에서는 그의 쾌락론에 나오는 세 가지 측면을 들어 왜 에피쿠로스의 쾌락주의가 소박한 생활로 이어질 수밖에 없는지 이야기해보겠습니다.

첫 번째가 욕망에 대한 에피쿠로스의 관점입니다. 먼저 쾌락의 문제에서 욕망이 중요한 이유는 욕망의 충족 여부가 쾌락과 직결되기 때문입니다. 즉, 욕망이 충족되었을 때 우리는 쾌락을 느끼고 욕망이 충족되지 않았을 때 고통을 느낍니다. 에피쿠로스는 다음과 같이 욕망을 크게 세 가지로 구분합니다.

1. 자연스럽고 필요한 욕망
2. 자연스럽지만 불필요한 욕망
3. 근거 없는 욕망

첫째로 자연스럽고 필요한 욕망은 우리가 본능적으로 느끼고 우리의 생존과 행복을 위해 필수적인 욕망입니다. 의식주와 같이 우리 삶의 기본적인 것들에 대한 욕망이 여기에 속합니다. 둘째로 자연스럽지만 불필요한 욕망은 욕망 자체는 자연스럽지만, 그 욕망을 충족하는 우리의 삶과 행복에 꼭 필요하지 않다는 의미입니다. 예를 들어 음식을 먹고 싶은 욕구는 반드시 충족시켜야 하지만 매끼 상다리가 휘어지게 차려 먹는다거나 비싼 샴페인을 터뜨릴 필요는 없지요. 마지막으로 근거 없는 욕망은 우리에게 원래 있는 욕망이 아니라 "다른 사람들의 의견"에 의해 생긴 것입니다. 즉 사회·문화적 영향을 받아 생기게 된 인위적인 욕망이죠. 드라마에서 쌩 하고 달리는 미니쿠퍼를 보고 탐이 난다면 세 번째 유형의 욕망을 지닌 것이 됩니다.

욕망을 제대로 이해하려면 이런 식으로 먼저 욕망을 구분하는 것이 중요합니다. 에피쿠로스에 의하면 우리의 욕망 중에는 필요한 것도 있고 필요 없는 것도 있습니다. 또, 자연스러운 욕망도 있고 인위적인 욕망도 있습니다. 그렇다면 이런 욕망을 모두 추구하는 것이 우리를 행복하게 해줄까요? 여기에 대한 에피쿠로스의 대답은 쾌락주의자라는 이름이 무색할 정도로 신중합니다.

에피쿠로스에 의하면 진정으로 쾌락적인 삶을 살고 싶으면 되도록 자연스러우면서 필요한 욕망만을 추구하고 나머지 두 욕망, 즉 자연스럽지만 불필요한 욕망과 근거 없는 욕망은 최대한 줄여야 합니다. 쾌락주의라는 말에 잠시 품었던 기대가 와르르

무너지는 소리가 들리는 것 같군요. "욕망을 통제하라는 설교는 인제 그만!"이라는 생각이 들겠지만, 그래도 쾌락주의자에게서는 처음 듣는 말이니 한번 변론의 기회를 주어도 괜찮지 않을까요?

되도록 필요한 욕망만 충족하고 살아야 한다는 에피쿠로스의 생각은 곧 자급자족을 이상적인 삶으로 여기는 것과 직결됩니다. 자급자족적인 삶이 어떤 건가요? 자급자족한다는 말은 외부에 의존하지 않고 스스로 필요한 것을 마련하며 산다는 것입니다. 한국의 중장년층 사람들에게 인기 있는 텔레비전 프로그램 중에 〈나는 자연인이다〉라는 프로그램이 있습니다. 여기에 등장하는 주인공은 보통 세상사에 지쳐 산속에서 혼자 살면서 외부의 도움 없이 모든 것을 혼자 마련하며 삽니다. 그런데 에피쿠로스가 자급자족적인 삶을 말할 때 꼭 생존에 필요한 모든 것을 홀로 일궈내는 삶을 의미하는 것은 아닙니다. 그런 삶이 분명 자급자족적인 생의 일면을 보여주긴 하지만 자급자족에서 에피쿠로스가 우선시하고 중점을 두는 것은 정신적인 자급자족, 즉 정신적인 독립입니다. 달리 말하면 에피쿠로스가 물질적인 검소함을 권장하는 이유는 그것이 정신적 풍요를 누리는 데 도움이 되기 때문입니다. 이런 의미에서 에피쿠로스는 우리가 자급자족하는 삶을 높이 사는 이유가 "항상 몇 가지 안 되는 물건만을 소유하며 살려고 한다기보다는 몇 가지 물건만을 소유할 수밖에 없는 상황이 왔을 때도 [잘] 살기 위해서"라고 말합니다.

에피쿠로스는 우리 내부의 힘으로, 즉 스스로 행복할 수 있을 때가 진정으로 행복한 상태라고 말합니다. 그런데 외부의 것에 대한 우리의 욕망이 이런 진정한 행복을 이루어내는 데 자주 걸림돌이 됩니다. 구체적으로 어떤 식으로 걸림돌이 되는지 살펴볼까요?

에피쿠로스에 의하면 먼저 근거 없는 욕망은 자연스럽고 꼭 필요한 욕망과 비교했을 때 충족시키기가 어렵습니다. 예를 들어 그냥 입을 옷은 쉽게 구할 수 있지만, 며칠 전 텔레비전에서 보았던 예쁜 외투를 걸치고 싶은 욕망은 충족시키기가 어렵지요. 충족시키기 어려운 욕망의 문제는 그 욕망이 충족되기 전까지는 고통이 함께하기 때문입니다. 외투 한 벌이라 문제의 심각성이 잘 느껴지지 않을 수 있는데, 사실 우리는 욕망을 충족하기 위해 엄청난 괴로움을 마다하지 않습니다. 많은 미국인은 잔디가 잘 깎인 앞마당에 차 두 대가 들어 있는 차고, 바비큐 조리대가 있는 뒷마당이 있는 집에 자녀는 사립 학교에 다니는 생활을 꿈꿉니다. 그리고 이들은 이런 생활을 누리고 유지하기 위해 엄청난 스트레스를 받으며 장시간 일합니다. 그런데 재미있는 것은 이들에게 왜 그렇게 일을 열심히 하느냐고 물어보면 "가족을 먹여 살리기 위해서"라고 말합니다. 그 말을 액면 그대로 받아들이면 에피쿠로스의 첫 번째 욕망을 충족시키려고 한다는 것이 됩니다. 하지만 에피쿠로스가 본다면 이들 욕망의 상당 부분은 근거 없는 욕망일 수 있습니다.

이 말을 듣고 "아니, 이왕이면 널찍한 집에 큰 차를 두고 좋은 학교에 아이들을 보내는 것이 왜 문제죠? 오히려 능력이 있다면 그렇게 해야 하는 게 아닌가요?"라고 반문할 사람도 있을 것입니다. 아주 솔직하고 좋은 질문입니다. 제 생각에 에피쿠로스 역시 넓은 집이나 큰 차 같은 물질 자체에 근본적인 문제가 있다고 할 것 같지는 않습니다. 문제는 그런 물질적인 것을 얻기 위해 더 중요한 것, 그러니까 자기 자신을 잃는다는 데 있습니다. 좀 더 넓은 집에 살면서 성능이 더 뛰어난 자동차를 타기 위해서는 그만큼 일을 많이 해야 하고 또 하기 싫은 일도 해야 합니다. 당연히 자신이나 가족과 보내는 시간도 줄어듭니다. 그리고 멋진 집에 돌아왔지만, 항상 몸과 마음이 지쳐 있습니다.

이런 종류의 욕망이 가진 또 다른 문제는 욕망 자체가 더 큰 욕망을 만들어내 완전한 욕구 충족이 불가능하다는 것입니다.

차가 없을 때는 굴러다니기만 하면 되니까 아무 차라도 있었으면 좋겠다고 생각하다가, 막상 차가 있게 되면 더 좋은 차를, 나중에는 람보르기니로 욕망의 눈을 돌립니다. 물론 람보르기니로 욕망이 충족되는 것은 아니지요. 이렇게 무한으로 열려 있는 욕망을 유한한 인간이 충족시키는 것은 불가능할 뿐만 아니라 더 중요한 것은 이런 과정에서 자신을 상실하게 된다는 점입니다. 멋진 차를 가지고 싶은 욕망에 그 차 열쇠를 손에 쥘 때까지는 삶이 불만스럽게 느껴진다면, 우리가 람보르기니를 조종하는 것이 아니라 람보르기니가 우리 삶을 조종하는 것이 됩니다.

이런 불필요하고 근거 없는 욕망의 또 다른 문제점은 피상적인 삶을 살게 된다는 데 있습니다. "시장이 반찬이다"라는 말이 있는데, 저는 "음미"(appreciation)가 행복의 열쇠라고 생각합니다. 언젠가 음식 전문가가 실험을 했는데, 똑같은 뉴욕 피자를 한 번은 10달러에 팔고 한 번은 내용물 정보를 과장은 아니지만 더 상세하게 설명한 뒤 25달러에 팔았습니다. 그 실험 결과 25달러 피자를 먹은 고객의 만족도가 훨씬 높았습니다. 똑같은 피자에 대해 고객이 더 맛있다고 느낀 이유는 더 비싼 피자에 대해 마음을 열고 음미했기 때문이라고 생각합니다. 삶도 피자와 크게 다르지 않습니다. (토핑 수를 늘리기 위해 열심히 일하는 것은 좋지만) 현재 가지고 있는 피자에 대해 불만뿐이라면 치즈 맛도 도우 맛도 제대로 느낄 수 없습니다. 그런 사람과 소박한 피자라도 음미하며 사는 사람을 비교해보십시오. 이런 사람은 남들이 보기에 아무것도 아닌 일도 즐길 수 있습니다. 쾌락주의자가 이런 (쾌락의) 기회를 놓칠 수가 있겠습니까?

지금까지 에피쿠로스의 쾌락주의가 검소한 생활로 귀결되는 첫 번째 이유를 그가 말한 욕망의 관점에서 설명해보았습니다. 이번에는 그의 독특한 쾌락 개념을 통해 설명해보겠습니다.

에피쿠로스는 쾌락을 두 가지 종류로 나눕니다. 하나는 동적인(kinetic) 쾌락이며 다른 하나는 정적인(katastematic) 쾌락입니다. 동적인 쾌락은 말 그대로 욕구를 채우는 동적인 과정(순간)에서 느끼는 쾌락입니다. 예를 들어 온종일 굶었다가 밥을 먹는다고 생각해보십시오. 허기를 채우는 동안 고통이 사라지면서 쾌락(포만감)을 느낍니다. 이것이 바로 동적인 쾌락입니다. 그런데 일단 허기가 채워지면 포만감과 만족감이 오면서 기분이 좋아지는데, 이것이 바로 정적인 쾌락입니다. 에피쿠로스가 이것을 정적이라고 하는 것은 쾌락에 이르게 하는 행동이 동반되지 않기 때문입니다.

여기서 에피쿠로스의 이 두 가지 쾌락 중 정적인 쾌락에 대해 두 가지 중요한 점을 지적하고 싶습니다. 흔히 고통이 없는 상태를 고통도 쾌락도 아닌 중립적인 상태로 생각합니다. 하지만 에피쿠로스는 그 상태를 쾌락의 일종인 정적인 쾌락으로 여깁니다. 두 번째는 이 정적인 쾌락이 오히려 동적인 쾌락보다 더 탁월하다고 보는 점입니다. 사실 에피쿠로스에게 쾌락이 최대치가 될 때는 고통이 제거되었을 때, 즉 정적인 쾌락 상태에 들어섰을 때입니다. 예를 들어보겠습니다. 허기진 배를 채웠을 때 (허기로 인한 고통이 사라졌을 때) 쾌락 지수가 100이었다고 해봅시다. 배를 채우고 나서도 계속 먹거나 혹은 더 맛있는 음식을 먹으면 쾌락 지수가 110, 120 이렇게 계속 올라가리라고 생각하기 쉽습니다. 하지만 에피쿠로스에 의하면 그 상태에서 바뀌는 것은 쾌락의 형태이지 쾌락의 양이 아닙니다.

허기질 때 허기를 채운 후의 상태는 중립적인 상태가 아니라 오히려 더 쾌락적인 상태라는 말이 언뜻 이해되지 않을지도 모릅니다. 에피쿠로스의 정적인 쾌락이 평화나 건강의 개념과 비슷하다는 생각이 듭니다. 평화로운 상태가 무엇이냐는 질문에 누군가 "전쟁이 없는 상태"라고 답변했다고 합시다. 그 답변이 틀린 것은 아니지만, 평화의 가장 기본 조건을 기술했다는 면에서 소극적인 답변이라 할 수 있습니다. 평화로운 사회를 떠올려

보면 단순히 전쟁을 치르지 않는 것뿐만 아니라 질서나 화합 그리고 조화와 같은 긍정적인 성격도 지니고 있습니다. 이런 긍정적인 성격을 지닌 평화로운 사회가 단순히 전쟁이 없는 평화로운 사회보다 탁월한 사회라는 데는 여러분도 동의할 것입니다.

건강도 마찬가지입니다. 현대 의학이 각종 질병을 다루게 되면서 건강을 단순히 질병이 없는 상태로 소극적으로 정의하기 쉽습니다. 하지만 건강은 질병이 없을 뿐만 아니라 몸과 마음 둘 다 이상적인 조화를 이룬 상태로서 단순히 질병이 없는 상태와는 사실 꽤 다른 상태입니다. 제 친구 중에 현대 의학의 좁은 관점을 못마땅하게 생각하는 이가 있는데, 그 친구가 한번은 의사에 대해 "질병의 전문가이지 건강의 전문가가 아니다"라는 말을 했습니다. 일리가 있다고 생각합니다.

이처럼 에피쿠로스가 말하는 정적인 쾌락은 단순히 고통이 없는 상태가 아니라 풍부한 내용이 있는 쾌락입니다. 이런 쾌락은 욕망을 채우는 그 과정에 오는 것이 아니라 오히려 욕망이 일어나지 않는 고요한 마음에 찾아드는 평화로움이나 잔잔한 기쁨과 같습니다. 그래도 이런 쾌락이 시시하거나 수동적으로 느껴진다면 한바탕 전쟁을 치른 사람이 평화를 되찾았을 때 어떤 느낌이 들지 한번 상상해보십시오. 물리적인 전쟁이 아니어도 됩니다. 사실 우리 주위에는 한평생 욕망이라는 전쟁을 치르고 뒤

늦게 평온을 찾은 사람이 종종 있습니다. 이런 사람이 에피쿠로스의 정적인 쾌락을 시답잖은 쾌락으로 생각할까 싶습니다. 베란다에서 커피 한 잔을 마시며 석양을 바라볼 때, 수십 년간 함께해온 인생의 반려자와 저녁 산책을 할 때, 친한 친구와 여행했던 추억을 떠올릴 때— 이럴 때 느끼는 쾌락이 과연 시시한 쾌락인가요?

지금까지 에피쿠로스의 쾌락주의가 검소한 생활로 귀결되는 두 번째 이유를 알아보았습니다. 이번에는 이제 그 세 번째 이유에 대해 이야기를 나눌 텐데, 그것은 에피쿠로스의 '이성적인 쾌락주의'입니다.

흔히 쾌락주의자는 쾌락이라면 무조건 수용하고 고통, 혹은 고통에 도움이 되지 않는다면 무조건 피하리라고 생각합니다. 에피쿠로스는 원칙적으로 쾌락을 추구하고 고통을 피하는 것이 맞지만, 실제로 아무 쾌락이나 고통을 추구하거나 피해서는 안 된다고 우리에게 말합니다. 언뜻 들으면 쾌락주의자가 굉장히 모순적인 발언을 하는 것 같지만, 사실은 쾌락이나 고통 자체가 그리 단순한 것이 아니기 때문입니다.

우리의 경험을 되짚어 보면 처음에는 쾌락을 주지만 결국에는 더 큰 고통을 가져오는 일이 많지 않던가요? 반대로 처음에는 고통스럽지만 결국에는 그 고통을 넘어서는 기쁨을 안겨주는 일도 많습니다. 따라서 우리는 어떤 행동이 최종적으로 가져올 쾌락과 고통의 정도를 냉철하게 따져본 뒤 그 행동의 선택 여부를 결정해야 합니다. 에피쿠로스에 의하면 쾌락과 고통에 대해 이런 냉철한 손익 계산을 할 수 있는 것은 우리에게 이성이 있기 때문인데, 그런 의미에서 인간의 쾌락은 동물의 쾌락과 다르다고 할 수 있습니다.

지금 당장 즐거움을 주지만 결국에는 애초의 즐거움을 상쇄하고도 남는 큰 고통을 가져오는 쾌락에는 어떤 것이 있을까요? 마약 상용자가 찾는 쾌락이 그 예가 아닐까요? 마약 상용자 중 상당수가 현재 처한 고통을 잠시 잊고 싶은 마음에 마약에 손을 댑니다. 마약을 통해 순간적인 쾌락을 맛보지만 소위 말하는 "약발"이 떨어지면 더 큰 고통이 찾아옵니다. 그러면 더욱 강력한 마약을 찾게 되고 이렇게 악순환이 시작됩니다. 마약 같은 심각한 문제가 아니더라도 일상생활에서도 당장 느낄 수 있는 즐거움이 나중에는 고통으로 바뀌는 일은 자주 있습니다.

몇 년 전 자격증 시험 준비를 했을 때가 떠오릅니다. 공부해야 하는데 텔레비전이나 맛있는 음식, 그리고 친구와 나누는 수다 같이 일상이 주는 소소한 즐거움을 좇느라 시험공부를 계속 미루게 되었고 결국에는 시험에 떨어졌습니다. 막상 시험에 떨어지니 참담함과 후회가 밀려왔고, 당시에는 달콤하게 느껴졌던 소소한 즐거움들이 씁쓸한 뒷맛을 제게 안겼습니다.

반대로 처음에는 고통스러운 일이 더 큰 기쁨으로 끝나는 경우도 쉽게 생각해 볼 수 있습니다. 여러분이 건강을 위해 운동과 함께 다이어트를 한다고 해봅시다. 처음에는 좋아하는 빵집을 무시하고 헬스클럽으로 직행해 운동하는 것이 귀찮고 하기 싫은 일로 느껴질 것입니다. 러닝머신에서 뛰는데 아까 지나쳐 온 빵집에 진열되어 있던 크로아상이 계속 눈앞에 아른거려 다이어트를 포기하고 싶어질 수도 있고요. 하지만 그런 꾸준한 노력으로 건강과 몸매를 되찾고 운동 자체를 즐기게 되었을 때 여러분이 느끼는 기쁨은 그간의 고생을 상쇄하고도 남을 것입니다. 이 경우 여러분은 자신이 선택한 고통이 더 큰 즐거움을 위해서였다고 하지 않겠습니까?

결론적으로 에피쿠로스학파가 쾌락주의자인데도 불구하고 문란한 삶이 아니라 오히려 검소한 삶을 살 수밖에 없었던 이유는 이들이 쾌락과 고통의 본질에 대해 비쾌락주의자보다 더 깊이 파악하고 있었기 때문입니다. 이 점은 제가 이 글 서두에서 한 말, 즉 철학적 사유의 가장 큰 장점이 문제 해결보다도 그 대상에 대한 더 깊은 이해라고 한 지적과 맞닿는 부분입니다. 쾌락에 대한 에피쿠로스의 생각을 제대로 이해했을 때 왜 에피쿠로스가 행복의 두 조건으로 "아타락시아"(ataraxia)와 "아포니아"(aponia)를 꼽았는지 알 수 있을 것입니다. "아포니아"는 신체에 고통이 없는 상태를 말하고, "아타락시아"는 번뇌나 동요가 없는 마음이나 영혼을 말합니다. "아니, 쾌락주의라서 기대를 많이 했건만 이건 오히려 금욕적인 삶에 가까운 게 아니야?" 하고 실망하는 사람도 있을 것 같군요.

하지만 연애 전문가가 연애의 속성을 꿰뚫고 있기에 아무와 사랑에 빠지지 않는 신중함을 보여주듯 쾌락 전문가인 에피쿠로스 역시 아무 쾌락이나 추구하는 어리석음을 범하지는 않습니다. 사실 아무 쾌락이나 추구하는 것은 아마추어 쾌락주의자나 하는 행동입니다. 이런 에피쿠로스의 쾌락주의를 알게 되면 왜 에피쿠로스가 흔히 떠올릴 수 있는 쾌락이 아니라 우정을 최고의 쾌락 중 하나로 꼽았는지 이해가 될 것입니다. 그뿐만 아니라 왜 "치즈 한 사발과 올리브 몇 개가 있으면 향연을 벌일 수 있다"라고 했는지도 알 수 있으리라고 생각합니다. 모닝커피 한 모금을 음미하면서 "아, 더 바랄 게 없어!"라고 말할 수 있는 쾌락주의자 — 그런 쾌락주의자라면 솔직히 저도 되어보고 싶습니다.

> Q. 에피쿠로스가 말하는 정적인 쾌락을 경험해본 적이 있습니까? 있다면 그것이 보통의 쾌락과 어떻게 달랐습니까?

존 스튜어트 밀

여느 날과 다름없이 공무를 끝내고 집에 돌아와 저녁 식사를 한 뒤 서재에 와 그날 하루를 정리하는 단정한 신사가 있습니다. 이 학자가 유용성을 삶의 유일한 진정한 가치로 여긴다니 찔러도 피 한 방울 나오지 않을 사람일 것 같습니다. 하지만 이런 근엄한 외모 이면을 볼 수 있다면, 이 사람보다 세상과 사람들에 대해 실제적인 관심과 따뜻함을 지닌 사람도 드물 것입니다. 읽던 책을 잠시 덮어 두고 그의 시선이 창밖을 향합니다. 그의 시선에 그의 마음에 그리움으로 자리한 지 오래된 한 여인의 얼굴이 잡힙니다.

너무도 인간적인 쾌락

Q. 인간만이 느낄 수 있는 쾌락이 있다고 생각하십니까?
있다면 어떤 것일까요?

쾌락주의(hedonism)를 주창한 철학 학파가 있습니다. 존 스튜어트 밀(1806~1873)로 대표되는 공리주의가 그 한 예입니다. 이들이 쾌락주의자라고 불리는 이유는 쾌락(고대 그리스어로 hēdonē)만이 본래의 가치나 그 자체의 가치를 지녔다고 이들이 보기 때문입니다. 일단 본래적 가치라는 용어에 대해 조금 살펴보겠습니다.

본래적(instrinsic) 가치는 도구적(instrumental) 가치와 상반되는 용어입니다. 전자는 그 자체로 추구할 가치가 있다는 말이고 후자는 어떤 다른 것을 추구하는 수단으로서 그 가치가 있다는 말입니다. 군대를 마치고 복학한 상기 씨가 감정평가사 시험 공부를 한다고 해볼까요? 이 경우 상기 씨의 공부는 상기 씨가 목표에 한 걸음 더 다가서게 해줄 수단으로서 가치가 있습니다. 다음은 상기 씨가 친구와 나눈 대화입니다.

"상기야, 너 무슨 공부하니?"
"응, 감정평가사 시험 보려고."
"감정평가사는 왜?"
"평가사가 되면 좀 안정된 삶을 살 수 있지 않을까 해서."
"왜 안정된 삶을 살고 싶은 거야?"
"갑자기 철학자가 됐냐? 넌 행복해지고 싶지 않아?"
"왜 행복해지고 싶은 건데?"
"야, 너 오늘 좀 어떻게 된 거 아냐? 그런 질문이 어디 있어?"

상기 씨의 말이 맞습니다. 상기 씨 친구가 마지막에 한 질문은 우문(愚問)입니다. 그것은 감정평가사 공부가 수단으로서 가치가 있는 것과 달리 행복이라는 것은 그 자체로 가치가 있기 때문에, 더는 무엇을 위해 행복하려고 한다는 말이 성립되기 힘들기 때문입니다. 예를 들어 "행복하기 위해 결혼한다"는 것은 말이 되지만, "결혼하기 위해 행복하려고 한다"는 것은 말이 되지 않는 거죠.

사실 위의 논리 전개는 아리스토텔레스가 《니코마코스 윤리학》에서 행복의 본래적 가치를 설명할 때 사용했습니다. 하지만 밀은 아리스토텔레스와 달리 쾌락이 곧 행복이라고 말합니다. 즉 쾌락이 바로 그 자체로 가치가 있는 것이라는 말이죠. 사실 밀에게는 쾌락만이 유일하게 본래적 가치를 지니고 있습니다. (아리스토텔레스는 행복과 쾌락이 분명히 다르다고 생각했는데, 이 이야기는 다른 기회로 미루도록 하겠습니다.)

윤리학에 쾌락주의가 있다고 하면 좀 이상하게 들릴 수 있는데요, 공리주의가 19세기 영국에서 등장했을 때도 쾌락이라는 용어를 포함해 그 철학에 반감을 느낀 사람들이 상당히 많았던 모양입니다. 밀은 《공리주의*Utilitarianism*》라는 책에서 당시 받았던 여러 비판에 대해 하나씩 조목조목 반박합니다. 공리주의자들은 원칙적으로 쾌락의 최대화가 인간에게 가장 자연스러운 삶의 목표라고 주장합니다. 여기에 대해 비평가들은 공리주의자들이 인간의 존엄성을 실추시키는 "돼지에게나 어울리는 철학"을 내놓았다며 분노했습니다. 쾌락이 삶의 가장 큰 목표라면 우리가 동물보다 나을 게 없는 존재로 전락하는 거지요.

여러분은 어떻게 생각하십니까? 이 비평가들의 주장처럼 밀은 우리 인간을 동물의 수준으로 하향 평가한 것일까요?

밀은 이 비판에 대해 이들이 쾌락을 단순하게 양적으로만 구분하는 오류를 저질렀다며, 질적으로 뛰어난 쾌락이 존재한다고 지적합니다. 그러면서 인간이 느끼는 쾌락이 다른 동물이 느끼는 쾌락과 같다고 여긴 바로 그들이야말로 인간의 존엄성을 땅에 떨어뜨린 장본인이라고 주장합니다.

그러고는 밀은 쾌락을 두 종류로 나눕니다. 하나는 육체적인(감각적인) 쾌락이고, 또 하나는 정신적인(지적인) 쾌락입니다. 육체적인 쾌락은 말 그대로 몸으로 느끼는 감각적인 쾌락을 말합니다. 좋아하는 따끈한 커피 한잔을 마셨을 때, 이틀간 목욕을 못 했다가 뜨거운 샤워를 했을 때, 그리운 사람을 품에 안았을 때의 기쁨이 여기에 속하겠죠? 지적인 쾌락은 밀에 의하면 이성이나 상상력 등과 같은 우리가 지닌 더 고차원적인 능력을 사용해 느끼는 기쁨입니다. 친구와 깊은 이야기를 나눌 때, 대통령 후보 토론회를 들을 때, 역사 채널을 볼 때 그리고 무엇보다도 철학을 공부할 때 느끼는 즐거움이 여기에 속하겠죠?

여기서 밀이 서슬이 시퍼런 비평가를 염두에 두고 강조하고 싶었던 점은, 앞에서 이미 언급했지만, 육체적 쾌락의 경우 인간과 동물이 공통적으로 느낄 수 있는 쾌락이지만, 지적인 쾌락의 경우 인간만이 유일하게 느낄 수 있는 쾌락이라는 바로 그 점입니다. 책 위에서 잠을 자는 고양이는 봤겠지만, 그 책을 읽는 고양이는 아직 본 적이 없었을 거라고 생각합니다.

밀은 다른 동물들에게는 이성 능력이 없기 때문에 지적인 쾌락을 느낄 수 없다는 사실을 강조합니다(물론 많은 동물이 영리한 것은 사실이죠. 하지만 그렇다고 그런 동물들을 지적이라거나 이성적이라고 하지는 않아요). 반면에 인간은 감각적인 쾌락뿐만 아니라 정신적인 쾌락도 느낄 수 있습니다. 흥미로운 것은 바로 그렇기에 인간은 같은 대상에 대해 더 풍부하고 다채로운 경험을 할 수 있습니다. 한 대상에 대해 감각적인 차원에서뿐만 아니라 지적인 차원에서 즐거움을 만끽할 수 있기 때문이죠.

제가 시간이 있을 때 즐겨 보는 텔레비전 프로가 요리 경연인데, 심사위원들이 하는 평가를 듣고 있노라면, 인간이 감각과 지성 두 차원에서 쾌락을 누릴 수 있다는 밀의 말을 이해할 수 있을 것 같습니다. 예를 들어 심사위원이 어떤 요리에 대해 다음과 같이 평을 할 때입니다.

"전체적으로 음양의 조화가 있어요. 그런데 자신을 믿고 조금 더 밀어붙였으면 어땠을까 해요. 약간 안전지향적인 느낌이 들어요."

이런 말을 하는 사람은 분명히 미각(아니면 오감)으로만 음식을 접하는 것이 아니라 지적인 차원에서도 경험하고 있습니다. 가끔 이런 요리 평을 듣다 보면 이런 심사위원들(주로 전문 셰프들)이 철학자 같이 느껴질 때가 있습니다. 아니, 철학자들이 맞습니다.

이런 예가 밀에게는 인간 이성의 승리를 의미합니다. 인간은 이성이 있기에 감각 차원에 있는 것들을 감각적인 차원에서 즐길 뿐만 아니라 더 높은 수준인 이성의 차원으로 끌어올릴 수 있으니까요. 제가 위에서 언급했던 셰프들이 음식을 그렇게 높은 차원으로 고양시켜 즐기고 평가를 해줌으로써 먹는 행위가 단순히 배를 채우는 것이 아니라 세련된 문화로 자리 잡게 되는 것입니다. 스타벅스가 단순한 카페가 아니라 "제3의 공간"이라는 개념 아래 색다른 문화를 만들고 그리고 거기에 많은 사람이 호응하는 것이 그것을 잘 보여줍니다. 인간이 정신적인 쾌락을 느낄 수 있다고 밀이 그렇게 강조하고 싶었던 것도 바로 이런 이유 때문이 아니었을까요?

인간이 정신적인 쾌락을 느낄 수 있다는 점이 밀에게 중요한 또 다른 이유는 정신적인 쾌락이 감각적인 쾌락보다 질적으로 우월하다는 점을 지적하고 싶어서입니다. 이 점에 대해 여러분은 어떻게 생각하십니까? 쇼핑몰에서 물건을 마음껏 살 때 느끼는 쾌락과 좋은 책을 읽었을 때 느끼는 쾌락 중 과연 밀의 말처럼 후자가 더 뛰어난 쾌락일까요? 책을 보는 사람은 점점 사라져가고 스마트폰을 통한 소비문화로 인해 고개를 떨군 채 살아가는 우리에게 이 질문은 중요한 질문입니다.

때로는 우리의 이성이 즐거운 인생을 사는 데 걸림돌이 된다고 느껴질 때도 있습니다. 이것은 밀도 잘 알고 있습니다. 지적으로 예민하면 세상 역시 날카롭게 바라보게 되고, 또 그런 만큼 삶의 고통을 더 깊이 느끼기 쉽습니다. 사는 게 힘들게 느껴질 때는 삶의 복잡한 문제를 모르는 채 살아가는 개나 고양이 아니면 갓난아기였으면 하는 생각이 들 수도 있습니다. 하지만 그건 잠깐 드는 생각이고, 그 어느 누구도 세상이 어떻게 돌아가는지도 모르고 마냥 만족해하는 존재와 인생을 바꿔 살기를 진짜로 바라는 사람은 없다고 밀은 말합니다. 이런 생각이 그의 유명한 경구인 "배부른 돼지보다는 배고픈 소크라테스가 되는 게 낫다"라는 말에 담겨 있습니다.

요즘 쾌락만큼 사람들의 관심을 끄는 토픽도 없는 것 같습니다. 그런 의미에서 오늘 이 대화가 쾌락이라는 문제에 대해 한 번쯤 진지하게 생각하는 계기가 되었으면 합니다. 구체적으로 "나는 어떤 쾌락을 찾아야 할까?" 하는 질문을 자신에게 던져보는 것은 어떨까요? 물론 밀에 의하면 그 해답은 꽤 분명합니다. 우리는 쾌락의 대상에 대해서 그것을 단순히 동물적인 차원에서 즐길 것이 아니라 인간적인 영역, 즉 이성의 영역으로 끌어올려 보다 인간적으로 즐길 줄 알아야 합니다. 바로 여기에서 밀과 같은 냉철한 쾌락주의자의 매력을 발견할 수 있습니다.

> Q. 감각적 쾌락을 오히려 너무 등한시한 것이 문제가 된 적이 있습니까?

아리스토텔레스
―친구에 대하여

첫 번째 이야기

나의 가장 친한 친구—그건 바로 나!

**Q. 혼자 있을 때 어떻게 시간을 보내십니까?
그리고 그 시간이 어떻게 느껴집니까?**

언젠가 독신을 삶의 방식으로 적극적으로 선택해 사는 사람들이 쓴 책을 읽은 적이 있습니다. 흔히 독신자들은 바깥에서 바쁘게 일하거나 친구를 만나 여유 있게 즐길 때는 좋은데, 불 꺼진 썰렁한 집에 혼자 돌아가려면 괜히 서럽고 싫다고들 합니다. 그런데 그 책에 나온 어느 독신자는 이런 상황에 대해 조금 다르게 이야기했습니다. "혼자가 아니라 나 자신과 집으로 돌아가는 거죠"라고 말이에요. 그런 뚱딴지같은 말이 어디 있느냐고요? 하지만 우리가 스스로와 즉 나 자신과도 관계를 맺을 수 있다는 사실을 인정한다면 이 말이 그리 뚱딴지같은 말은 아닐 것입니다.

이번 시간에는 우리 자신과의 관계, 특히 자신과의 우정에 대해서 아리스토텔레스의 관점을 통해 이야기를 나누고자 합니다.

아리스토텔레스는 《니코마코스 윤리학》에서 우정의 중요성을 강조했는데, 그때 던진 질문 중의 하나가 바로 스스로와 친구가 될 수 있는가, 하는 것입니다. 우정이라고 하면 대개 나와 타인과의 관계라고 단정해버리기 쉬운데, 이 질문은 아주 참신하게 들립니다. "그래, 다른 사람과의 우정 관계를 나 자신에게 적용하면 나 자신과 우정이 가능하다고도 할 수 있겠지" 하고 자신과의 우정을 타인과의 우정에서 파생된 개념으로 생각할 수 있습니다. 하지만 아리스토텔레스에게 자신과의 우정은 파생적인 개념이 아니라 오히려 타인과의 우정을 결정짓는 우정의 원형(原形)입니다. 따라서 남과 진정한 우정을 나누려면 먼저 나 자신과 좋은 관계, 즉 나 자신과 친구가 될 수 있어야 하고, 자신과 친구가 되려면 무엇보다도 스스로가 좋은 사람이어야 합니다.

흔히 자기 자신을 사랑하지 않고는 다른 사람을 제대로 사랑할 수 없다는 말을 하는데, 아리스토텔레스가 우정에 대해 그와 비슷한 말을 하고 있습니다. 그러면 나 자신과의 관계가 타인과 맺는 우정에 어떻게 결정적인 역할을 하는지 한번 살펴볼까요?

먼저 아리스토텔레스를 따라 유덕(有德)한 사람과 부덕(不德)한 사람이 각각 자신과 어떤 관계를 가지는지 살펴보아야 합니다. 이 두 사람이 자신과 가지는 관계의 특징이 곧 타인과의 관계에 그대로 반영되기 때문이죠.

우선 유덕한 사람을 보겠습니다. 그는 내면의 갈등을 겪지 않기에 자신과 자신의 삶을 진정으로 사랑하는 사람입니다. 플라톤의 영혼 분석에서 보았던 것처럼 아리스토텔레스 역시 인간을 이성이나 감정 같은 어느 한 부분으로만 이루어진 존재가 아니라 여러 부분으로 이루어진 복잡한 존재로 여겼습니다.

그런데 바로 이 복잡한 존재라는 특성이 자신과의 우정 가능성을 시사한다고 아리스토텔레스는 말합니다. 무슨 말이냐고요? 어떤 존재가 여러 부분으로 이루어져 있다는 것은 그것들 사이에 관계가 있을 수 있다는 뜻인데, 이때 그 관계가 좋을 수도 있고 좋지 않을 수도 있습니다. 관계가 좋지 않을 때 우리는 내면적인 분열이나 갈등을 겪게 되고 관계가 좋을 때 스스로에게 우애나 우정을 느끼게 됩니다.

복잡한 존재이기에 자신과의 우정이 가능하다는 아리스토텔레스의 생각이 아주 흥미롭습니다. 그렇다면 우리가 일기를 쓰거나 독백을 하는 것도 우리가 복잡한 존재이기 때문에 가능하겠군요.

아리스토텔레스에 의하면 인간의 영혼은 크게 구분했을 때 이성적인 부분과 비이성적인 부분으로 나뉩니다. 그는 스승인 플라톤과 마찬가지로 이성이 더 탁월한 부분으로서 비이성적인 부분을 다스리고 통제해야 한다고 생각합니다. 여러분이 익히 들었을 "인간은 이성적 동물이다"라는 정의도 아리스토텔레스가 했습니다. 이 정의가 내포하는 중요한 철학적 메시지는 인간은 이성적일 때 가장 인간답다는 것입니다.

아리스토텔레스가 인간을 이성적인 동물로 정의한 데는 이유가 있습니다. 어떤 것을 정의하려면 그것이 다른 것과 차별되는 고유 특성을 지적해야 하는데, 인간의 경우 그것이 바로 이성입니다. 즉 인간이라는 동물을 다른 동물과 차별시키는 것은 이성입니다.

예전에 대학에서 이른 아침 강의를 했을 때 일입니다. 수업 시간에 학생들이 그래놀라 바처럼 간단히 먹을 수 있는 음식을 몰래 먹을 때가 있습니다. 그런데 한 번은 어느 학생이 캠퍼스

내 스타벅스에서 구워온 베이글을 아예 책상에 펼쳐놓고 크림치즈를 나이프로 발라 먹고 있었습니다. 그 모습을 보고 학생의 대담함(아니면 발칙함?)에 동공 지진이 왔던 적이 있습니다. 혹자는 이 상황에 대해 "얼마나 배가 고팠으면……" 하면서 '인간적'이라고 생각할지 모르겠지만, 아리스토텔레스에 따르면 더 인간적인 사람은 먹고 싶지만 참고 앉아 있는 다른 학생들입니다. 왜냐하면, 때와 장소 구분 없이 먹고 싶은 (동물적인) 욕구를 이성으로 다스릴 수 있다는 것을 몸소 보여주고 있기 때문이죠.

결론적으로 아리스토텔레스에게 인간은 이성적인 동물이기에 인간적인 삶은 다름 아닌 이성의 인도를 받는 삶입니다. 그런데 비이성적인 부분이 이성의 판단을 따르지 않고 반발하게 되면 내면의 평화가 깨지고 갈등이 생깁니다. 이런 의미에서 아리스토텔레스에 의하면 부덕한 사람이란 바로 이런 내면적인 혼란을 겪고 있는 사람이라 할 수 있습니다(물론 부덕의 정도가 심해지면 이런 내면적인 갈등조차 느끼지 못하겠죠).

여러분도 가끔 내면에서 상반된 목소리를 듣는 경험을 했을 것입니다. 그럴 때는 어느 부분이 진짜 자신인지 알 수 없어 혼란스럽고 자신을 좋아하기가 힘들죠. 이런 의미에서 아리스토텔레스에 의하면 부덕한 사람은 스스로와 친구가 될 수 없습니다.

미란 씨가 친한 친구 서현 씨의 남자 친구 승기 씨를 몰래 사귀어 왔다고 해봅시다. 승기 씨를 만날 때는 너무 즐겁습니다. 그런데 승기 씨를 만나지 않을 때 미란 씨는 친구 서현 씨에게 상처를 주고 있다는 자책감에 마음이 아주 무겁고 불편합니다. 그럴 때는 "친구의 믿음을 저버리다니 난 정말 이기적인 인간이야" 하는 생각이 듭니다. 그러다가 막상 승기 씨에게서 만나자는 연락이 오면 "좋은 게 좋은 거지, 다른 걸 생각할 필요가 뭐 있어?" 하고 금방 생각이 바뀝니다. 그러고는 승기 씨를 만나 즐거운 시간을 보내고, 또 나중에 양심의 가책을 받습니다. 이런 양상이 계속되는 한 미란 씨는 자신을 사랑하고 자신과 제대로 된 관계를 맺기가 힘듭니다. 이런 상황에서 미란 씨가 그 무엇보다 두려워하는 것은 자신을 대면하는 일일 테니 말입니다.

앞서 부덕한 사람은 자신을 사랑하지 않는다고 했는데, 위의 미란 씨가 자기감정에 따라 행동하는 것은 오히려 자신을 (지나칠지는 몰라도) 사랑해서 그런 게 아니냐고 반박할 사람이 있을지도 모르겠습니다.

아리스토텔레스는 이 질문에 탁월한 대답을 내놓습니다. 어떻게 보면 덕이 있는 사람이나 덕이 없는 사람이나 둘 다 자신을 사랑한다고 할 수 있습니다. 하지만 두 사람이 자신을 사랑하는 방식에는 큰 차이가 있습니다. 그것은 이성, 감정, 욕구 등 자신의 여러 면 중에서 두 사람이 각기 다른 면을 사랑하기 때문입니다. 아리스토텔레스가 보았을 때 덕이 있는 사람은 무엇보다도 자신의 이성을 사랑하고, 덕이 없는 사람은 자신의 욕망을 사랑합니다. 위의 예에서 미란 씨는 확실히 자신의 욕망을 자신의 이성보다 더 사랑하고 있습니다.

흡연하는 친구 한 명이 들려준 이야기입니다. 어느 날 밤늦게 집에 담배가 떨어졌는데, 담배를 살 수 있는 곳이 모두 문을 닫았다는 것을 알게 되었습니다. 처음에는 그날 밤만 참아야지 하고 생각했는데 밀려오는 욕구를 참을 수가 없었다고 합니다. 그러다가 나중에 "거리 쓰레기통을 뒤지며 담배꽁초를 찾고 있는 자신을 발견했다"라고 말했습니다. 소위 말하는 '유체이탈 화법'인데요. "자신을 발견했다"라고 표현한 것은 여기서 아주 적절한데, 친구가 욕망에 휩쓸려 말 그대로 자신을 망각했기 때문입니다. 아리스토텔레스에게 자신을 망각했다는 말은 바로 이성을 잃었다는 말과 같습니다. 제 친구도 아리스토텔레스의 이런 의견에 이의를 제기할 것 같지는 않습니다. 쓰레기통을 뒤지는 자기 자신이 참담하게 느껴졌다고 했으니까요. 쓰레기통을 뒤지며 담배꽁초를 찾는 친구의 행위는 정확하게 말하면 자신의 일부인 욕망(담배를 피우는 자신)을 사랑하는 행위입니다. 그리고 이런 사랑은 곧 파국에 이르는데, 그때 자신의 적이 다름 아닌 자기 자신이었음을 깨닫게 됩니다.

이제 유덕한 사람과 부덕한 사람의 자기 사랑 방식이 남과의 관계에 어떻게 반영이 되는지 살펴보겠습니다. 앞에서 지적한 것처럼 유덕한 사람은 자신의 이성적인 면을 아끼고 따르는 방식으로 자신을 사랑합니다. 나아가 그는 친구를 사랑할 때도 자신을 사랑할 때와 똑같은 방식으로 사랑하게 됩니다. 즉, 친구 역시 자신의 이성적인 면에 귀를 기울이며 살아가기를 바랍니다. 만약 친구가 욕망에 눈이 멀어 힘들어하면 그것을 안타깝게 여기고 이성을 되찾을 수 있도록 도와줄 것입니다. 반대로 부덕한 친구는 같이 있는 시간 동안 아주 유쾌하고 재미있을지는 몰라도 친구를 진정으로 사랑한다고 하기는 힘듭니다. 욕망을 추구하는 데 급급한 그가 자신에게 진정으로 좋은 것이 무엇인지조차 모를 텐데, 친구를 제대로 위한다는 것은 무리이지 않을까요?

 아리스토텔레스에 따르면 덕이 있는 사람은 돈, 명예, 쾌락 같은 것을 포기하는 것이 자신을 진정으로 위하고 사랑하는 일이라면 기꺼이 그렇게 합니다. 이런 사람은 친구도 그런 식으로 사랑합니다. 사실 그는 친구를 위해 돈이나 명예 같은 것을 포기할 수 있을 뿐만 아니라 자신의 목숨까지도 희생할 수 있습니다. 그것은 덕이 있는 사람은 자신을 진정으로 사랑하며, 자신의 욕심을 채울 때가 아니라 훌륭한 행위를 할 때 진정으로 자신을 사랑하는 것이라는 것을 잘 알고 있기 때문입니다. 이처럼 그는 친구를 위해 양보하고 희생하는 것이 어렵지 않은 사람이지만, 만약 친구가 힘든 일을 하는 것이 그 친구에게 진정으로 좋은 일일 때는 그 친구가 그 일을 하도록 내버려둘 수 있습니다. 친구가 회사를 그만두고 뜻이 있어 불우한 청소년들을 위한 시설에서 자원봉사자로 일한다고 생각해보십시오. 고생하는 것을 보면 당장에 집에 데리고 들어와 다른 일을 해보라며 돈을 내밀 수도 있지만, 정말 그것이 그 친구에게, 그 친구의 영혼에 도움이 되는 일이라면 옆에서 격려의 눈으로 지켜볼 수도 있는 것입니다.

 이런 유연하고 열린 태도는 요즘 부모들이, 특히 소위 말하는 헬리콥터 부모들이 좀 배워야 할 점이 아닌가 싶습니다. 많은 부모가 자식을 사랑한다는 명목으로 자식이 해야 할 일을 대신 해주는데("너는 공부만 해"), 그것이 과연 자녀에게 진정으로 좋은 방향인지 곰곰이 생각해보아야 합니다. 제 어머니 역시 제가 미국에 돌아올 때마다 한국 반찬을 가득 싸주시면서 온갖 걱정을 하십니다. 제가 맛있는 음식을 못 먹을까 봐(사실 사방에 널린 것이 맛난 음식인데) 걱정하시는데요, 물론 그 애틋한 마음을 모르는 게 아닙니다. 제게 진정으로 좋은 것이 무엇인지 모르신다는 뜻도 아니고요.

하지만 가끔은 그런 우려를 안 하셨으면 하는 생각이 간절합니다. 부모로서 가장 뿌듯한 순간은 자식이 아프리카의 작은 나라에 가서도 공수된 김치를 먹을 때가 아니라, 자식이 이 세상 어디에 있더라도 제대로 혼자 살아갈 수 있다는 것을 알 때라고 생각하기 때문이죠. 김치 없이 사는 것이 오히려 그동안 살면서 당연하게 받아들였던 것에 대해 고마워하고 그것을 음미할 수 있는 기회가 될 수 있습니다. 그렇다면 오히려 (교육 차원에서) 김치를 한번 안 보내보는 게 낫지 않을까요?

이 글 첫머리에서 어떤 독신자가 빈집에 "혼자가 아니라 자기 자신과 집으로 돌아간다"는 말을 했다고 했는데, 여러분은 혼자 시간을 보낼 때가 많습니까? 그리고 그 시간이 어떻게 느껴집니까? 저는 이 질문이 우리 자신에게 던져야 할 질문 중 가장 중요한 질문 중 하나라고 생각합니다. 혼자서 자신과 마주하는 시간이 어색하고 답답하고 좀이 쑤신다면 최소한 '왜 그럴까' 생각해 보아야 합니다.

아리스토텔레스에 의하면 유덕한 사람의 경우 시간을 혼자 보내는 데 전혀 무리가 없습니다(참고로 여러분도 아시다시피 그 시절에는 텔레비전도 스마트폰도 소셜 미디어도 없었습니다). 왜 그럴까요? 혼자 남겨지게 되면 누구에게나 찾아오는 '손님'이 있는데 그 손님은 다름 아닌 바로 우리 자신, 즉 내 마음속의 생각입니다. 유덕한 사람의 경우 그립고 유쾌한 손님이 찾아온다면, 부덕한 사람의 경우 딱 피하고 싶은 불청객이 찾아듭니다. 무슨 말이냐고요?

혼자 있을 때 우리에게 찾아드는 생각은 주로 과거에 대한 기억과 미래에 관한 생각입니다. 유덕한 사람의 경우 자신이 과거에 한 행동을 떠올리면 뿌듯한 느낌이 들고 자신이 변하지 않는 한 그런 시간이 이어질 것이라고 믿기에 미래에 관한 생각도 희망적입니다. 또한, 아리스토텔레스는 유덕한 사람에게는 이런 과거나 미래에 대한 긍정적인 생각 외에 "공부할 거리" 즉 지적인 자극을 주는 생각이 떠오른다는 흥미로운 말을 합니다. 아리스토텔레스 같은 윤리적 이성주의자에게 덕이 있다는 말은 이성적인 부분이 활성화되어 있다는 의미와 같은 까닭이지요. 따라서 덕이 있는 사람은 나 자신뿐만 아니라 바깥세상에 대해서도 호기심이 많기 때문에, 혼자 있을 때도 자신의 과거나 미래 같은 생각뿐만 아니라 평소에 관심이 갔던 것에 대해 더 깊이 생각해보게 됩니다. 이렇게 사유 자체를 즐기니 혼자 있는 시간이 무료할 리 없습니다.

그렇다면 부덕한 사람에게는 혼자 있는 시간이 어떻게 느껴질까요? 한마디로 괴롭습니다. 부도덕한 사람은 과거에 안 좋은 일을 많이 했고, 또 스스로 그것을 알고 있기 때문에 과거의 일이 떠오르면 당연히 불쾌하고 괴롭습니다. 그리고 사람 자체가 변하지 않는 한 이런 과거가 또한 미래로 이어질 것이기에 미래에 관한 생각도 밝지 못할 것입니다.

유덕한 사람과 부덕한 사람은 이처럼 혼자 보내는 시간이 질적으로 큰 차이가 납니다. 그렇다면 이런 차이가 다른 사람과의 관계에 어떤 영향을 끼칠까요? 아리스토텔레스에 의하면 진정한 친구는 제2의 자신입니다.

앞에서 유덕한 사람의 경우 자신에 대해 생각하면 뿌듯하다고 했는데 제2의 자신인 친구에 대해서도 그렇게 느낍니다. 즉 친구 역시 자신처럼 건실하다는 것을 알기에 그 친구를 보는 것이 뿌듯하고 흐뭇합니다. 이것은 친절한 아버지가 자신의 아들 역시 친절한 것을 보았을 때 느끼는 동질감에서 오는 흐뭇함과 비슷합니다. 이런 동질감과 흐뭇함으로 인해 친구와 같이 있는 것만으로도 즐겁습니다.

그렇다면 부덕한 사람의 경우는 어떨까요? 먼저 아리스토텔레스에 의하면 부덕한 사람이 친구를 찾게 되는 주된 이유는 자신을 잊게 해줄 누군가가 필요하기 때문입니다. 아까 말한 것처럼 부덕한 사람은 혼자 있을 때면 불쾌하고 무서운 생각이 드는데, 이런 생각을 잊게 해줄 누군가가 필요합니다. 이런 의미에서 자신을 빨리 잊게 해주는 술이나 마약을 권하는 친구라면 더욱 좋겠죠. 따라서 부덕한 사람에게 친구란 자신의 공허함을 채우는 데 필요한 존재입니다.

아리스토텔레스는 타인과 진정한 우정을 나누려면 우선 자신이 온전하게 서는 것이 얼마나 중요한지를 그의 우정론에서 피력합니다. 나 자신이 삐뚤어져 있으면 시각도 왜곡되어 있기에 진정한 친구를 알아보지 못할뿐더러 누구를 만나더라도 진실한 관계를 유지하기 힘듭니다. 그것은 바로 명상가 존 카바친이 전하는 말처럼 "어디를 가든지 우리 자신이 거기에 있다 (Wherever You Go There You Are)"라는 엄연한 진실 때문이죠. 그렇다면 진정으로 좋은 친구가 되기 위해서는 먼저 나 자신에게 좋은 친구가 되어야 하겠습니다.

> **Q. 여러분은 자신에게 어떤 친구입니까?**

두 번째 이야기

나는 다른 사람에게 어떤 친구일까?

Q. 가장 친한 친구 한 사람을 떠올려 보십시오.
그 사람이 자신에게 어떤 친구인가요?

여러분에겐 친구가 많이 있습니까? 인스타그램이나 트위터, 페이스북을 한다면 자신의 SNS 계정에 친구로 등록된 사람들이 많을 겁니다. 현실에서 아는 사람도 있고, SNS 공간에서 만나 친구가 된 사람들도 있을 텐데요. 그런데 이들 모두가 '진짜' 친구입니까? 제 주위에는 페이스북 친구가 몇백 명이 된다고 자랑하듯 말하는 사람들이 있는데, 저도 마찬가지지만 그 사람들 자신도 그들 모두를 진짜 친구라고 생각하지는 않는 것 같습니다.

평상시에는 주위에 친구가 쫙 깔린 것 같았는데 어려움에 부닥쳐 도움을 청하려고 둘러보니 휑한 것이 아무도 안 보입니다—변함없이 반기는 반려견 토토만 빼고 말이죠. 이런 경험, 여러분도 해본 적 있습니까? 그럴 때면 우리 인생에 진정한 친구가 드물다는 사실을 절감하게 됩니다. 대학 시절에 누군가가 "진정한 친구가 한 사람만 있어도 성공한 인생이다"라는 말을 한 것이 기억납니다. 그때는 별소리 없이 들었는데 나이가 들수록 그 말이 옳다고 생각됩니다.

이전 장에서 나 자신과의 우정에 대해 이야기하면서 나 자신과의 관계가 내가 다른 사람과 가지는 우정의 근본이 된다고 했습니다. 그렇다면 역으로 내가 다른 사람과 가지는 우정을 보면 나 자신이 어떤 사람인지 알 수 있을 것입니다. 그런 의미에서 다른 사람과의 우정에 대해 곰곰이 생각해보는 것은 의미가 있고 사실 유익하기도 합니다. 나 자신이 어떤 사람인지 알 수 있을뿐더러 누가 내 진정한 친구인지도 알 수 있으니 말입니다(다만 친구 명단이 확 줄어들 수 있으니 마음의 준비를 해두기 바랍니다).

아리스토텔레스는 《니코마코스 윤리학》에서 친구를 세 가지 유형으로 나누는데, 그렇게 분류한 근거는 다음과 같습니다.

우리가 다른 사람에게 끌리는 것은 그 사람에게서 "좋은 것"(good)을 보기 때문입니다. 이 "좋은 것"을 아리스토텔레스는 세 가지로 나누는데, 그 세 가지 유형에 따라 세 가지 독특한 우정의 유형이 생깁니다.

첫 번째 유형의 우정은 유용함에 바탕을 둔 우정인데, 편의상 "유용한 우정"이라고 하겠습니다. 이것은 다른 사람이 내게 주는 유용한 면에 끌려 친구가 되는 경우입니다. 물론 그 친구도 나의 유용한 면에 끌리겠죠. 평소에 별로 친하지 않은데 기말시험 직전에 친구 운운하며 필기 노트를 빌리는 경우가 이런 우정의 예가 되겠습니다. 이 유용한 우정의 한계는 그 관계가 오래 가지 않는다는 것입니다. 그것은 이 우정의 근간이 되는 유용함이라는 것이 확고한 가치가 아니기 때문입니다. 다시 말해, 유용한 우정은 두 사람이 서로에게 유용하다고 느껴질 때까지만 지속되기 때문에 많은 경우 "유효 기간"을 서로가 잘 알고 있죠.

여러분의 삶에도 유용한 친구가 있을 것입니다. 저는 한때 동네 단골 스타벅스의 바리스타가 제 유용한 친구였습니다. 요즘 한국 텔레비전을 보면서 알게 된 말 중 하나가 "진상손님"인데 까다롭게 커피를 주문하는 저도 진상손님이 아닐까 합니다. 에

스프레소를 시키면 우유를 따로 주문하고 카푸치노를 시키면 우유와 거품을 모두 반으로 줄여 달라고 주문을 하니 말이죠. 이렇게 긴 주문을 하면 자주 바리스타들이 "마키아토를 시키지 그러느냐?" "원하는 맛이 정확히 어떤 거냐?"는 둥 반대로 '진상 바리스타'가 되어 저를 귀찮게 하는데, 어느 날 그 별다방에 제 커피를 두말없이 받아주는 바리스타가 등장했습니다. 이 사람은 제가 주문대 앞에 나타나면 환한 미소를 지으며 "같은 것?" 하고 물어보니 간단히 "예스!"라고 하기만 하면 됩니다. 얼마나 편한지 몰라요!

기분이 좀 우울한 날에 그 바리스타 친구가 정성껏 만든 커피를 환한 미소와 함께 내밀면 "아니, 나 이 친구와 사귀어도 되겠는데!" 하는 생각이 듭니다. 하지만 카푸치노를 몇 모금 마시기도 전에 미스터 냉정이 찾아와 이 바리스타와 저의 관계를 이어주는 것은 맛있는 커피와 제 지갑에서 나오는 푸른색 지폐라는 것을 상기시켜줍니다. 이 바리스타가 저에게 친근하게 "하이, 버디"한다고 해서 제가 그 사람을 진짜 버디로 여겨 커피값을 내지 않거나 커피 이상의 것을 그에게서 기대한다면 한마디로 저는 상황 파악을 못 하는 사람이 되는 거죠. 반대로 그 사람이 커피를 형편없이 만들고 저를 기분 좋게 해주지 않는다 해도 과연 제가 그 사람을 계속 찾게 될까요?

위의 예가 보여주는 것은 유용한 우정에서 상대방에게 끌리는 이유는 그 사람 전부나 자체가 아니라 일부분만을 좋아하기 때문입니다. 저는 그 사람이 바리스타로서, 그리고 그 사람은 제가 손님으로서 서로에게 유용해서 서로 호감을 가지는 것이죠. 커피와 돈이라는 수단이 없다면 계속 이어질 수 없으므로 한계가 명백한 우정입니다.

유용함이 기초가 된 관계가 오래가지 않는 데는 여러 다른 이유가 있습니다. 비록 상대가 계속 유용한 것을 제공하더라도, 내가 더는 그것을 유용하게 여기지 않을 수 있는데요. 그 경우에도 이 우정은 이어지지 못합니다. 예를 들어 편두통이 심해 의사의 지시에 따라 커피를 끊기로 했다면, 당연히 이 바리스타가 내게는 유용한 사람이 아닐 것입니다. 다른 예로 단골 정비공이 있다고 합시다. 차를 처분하고 나서도 그 정비공과의 관계를 계속 이어나갈 수 있을까요? 농담이 아니라 영화에서처럼 차를 처분하고 나서도 정비공이 그리워져 정비소에 어슬렁거리다 애정 관계를 시작하는 경우가 생길 수 있습니다. 하지만 이 경우는 관계가 유용성에서 출발했지만, 상대방에게서 다른 끌리는 점을 발견했기 때문에("알고 보니 그 정비공에게 이런 면이 있었네!") 관계의 성격이 변한 것이므로 '순수하게' 유용한 관계는 아니라고 해야겠습니다.

유용한 우정이 지닌 한계에 대한 아리스토텔레스의 지적은 진정한 우정에 관심 있는 사람이라면 반드시 생각해볼 점입니다. 물론 유용한 우정이 나쁘다거나 필요 없다는 말이 아닙니다. 사실 요즘같이 복잡하고 세분화한 사회에서는 유용한 우정 없이는 하루도 살아가기 힘들 것입니다. 다만 우리가 친구라고 부르는 사람과의 관계가 유용함에 기초한 것은 아닌지, 만약 그렇다면 그 한계가 무엇인지를 알고 있을 필요가 있습니다.

아리스토텔레스가 말하는 두 번째 유형의 우정은 즐거움이나 재미에 근간을 둔 우정입니다. 같이 있으면 재미있는 친구, 유머로 여러 사람을 웃기는 친구, 외모가 뛰어나 함께 다니면 나까지 으쓱하게 만드는 친구가 즐거움을 주는 친구의 예가 되겠죠.

즐거움에 바탕을 둔 우정에도 유용한 우정과 비슷한 한계점이 있습니다. 이것은 유용함과 즐거움이 서로 다르면서도 불완전하다는 공통점이 있기 때문입니다. 먼저 유용한 친구처럼 즐거움을 주는 친구를 좋아할 때도 그 친구의 전부나 사람 자체를 좋아한다기보다는 일부, 그러니까 재미있는 면만을 좋아합니다. 그렇기 때문에 이런 우정도 유용한 우정처럼 관계에서 최소한 두 가지 한계점을 드러냅니다. 먼저 재미있는 친구가 더는 재미있지 않을 때 친구로서의 매력을 바로 상실하게 됩니다. 만날 때마다 유머와 재치로 좌중을 웃기는 친구가 우울증이 생겨 전혀 웃기지 않으면 친구가 하나둘씩 끊기지 않을까요?

즐거움에 바탕을 둔 우정의 두 번째 문제는 유용한 우정에서와 마찬가지로 즐거움에 대한 우리의 관점이 쉽게 바뀔 수 있다는 것입니다. 재미있다고 생각했던 친구를 몇 년이 지나 만났는데, 그 친구는 그대로인데 나 자신이 변해 그 친구가 하는 말이 더는 재미있게 느껴지지 않았던 경험을 해본 적이 있습니까?

여기서 짚고 넘어가야 할 중요한 점이 있습니다. 즐거움의 대상이 쉽게 바뀌는 것은 근본적으로 그것이 감정에서 비롯되었기 때문인데, 감정이란 쉽게 변하는 속성이 있습니다. 그리고 그런 이유로 감정에서 비롯된 것은 신뢰하기 힘듭니다. 아리스토텔레스는 이런 유형의 우정이 젊은이들에게 흔하다고 합니다. 그것은 젊은이들은 이성보다 감정에 따라 판단하고 행동하는 경향이 있어 눈앞의 쾌락을 좇기 때문이죠. 따라서 젊은 사람들은 친구를 쉽게 사귀기도 하지만 또 그만큼 쉽게 헤어집니다.

아리스토텔레스가 말하는 마지막 세 번째 유형의 우정은 덕 혹은 선함에 바탕을 둔 우정입니다. 즉 사람 자체나 그 인격에 끌려서 친구가 되는 경우를 말합니다. 아리스토텔레스의 말을 빌리자면, 이 우정은 "두 선한 인간 사이에 존재하는 친밀한 관계"입니다. 하지만 단순히 선한 두 사람이 만나 관계를 맺는다고 우정이 형성되지는 않습니다.

진정한 의미의 우정은 '균등함'이나 '대등함'이라는 개념을 포함하는데, 이것은 두 사람 사이에 오가는 것의 정도가 비슷하다는 말입니다. 사실, 유용함과 즐거움에 기초한 우정의 경우도 서로 오가는 정도가 비슷해야 하는 것은 마찬가지입니다. 제 바리스타가 커피 한 잔에 20달러를 청구하거나 정비공이 터무니없는 가격을 부른다면 그 시점에서 관계가 삐그덕 할 테니 말입니다.

덕에 기초한 우정의 경우 두 사람의 덕스러운 정도가 비슷할 때 오가는 정도가 비슷하다고 할 수 있습니다. 한 사람이 훨씬 더 인간적으로 훌륭한 경우 수평적인 관계보다는 멘토와 학생 같은 수직적인 관계가 성립되기 쉽습니다. 나보다 도덕적으로 월등하게 뛰어난 사람, 예를 들어 테레사 수녀 같은 사람을 '친구'라고 하는 것은 좀 어폐가 있지 않습니까? 사실 그런 경우 "친구"라고 부른다 하더라도 친구라는 느낌이 들지 않을 것입니다. 우리가 친구를 편하게 느끼는 것도 친구와 내가 대등하다는 것을 무의식적으로 알고 있기 때문입니다.

그러면 덕에 기초한 우정이 유용성이나 즐거움에 기초한 우정과 비교했을 때 구체적으로 어떻게 탁월한지 살펴보겠습니다. 먼저 덕에 기초한 우정은 오래갑니다. 그것은 근본적으로 우정의 토대가 되는 선함이나 덕 자체가 쉽게 변하지 않기 때문입니다. 선한 행위는 몇십 년이 지나도 여전히 칭찬받을 행위로 여겨지죠. 오래가는 우정을 들여다보면 선함, 인격, 덕같이 변하지 않는 자질이 그 바탕을 이루고 있습니다. 튼튼한 자재를 구해 집을 지으면 시간은 좀 더 걸릴지 몰라도 짓고 나면 내실이 있고 날이 갈수록 멋스러워지는 것처럼, 덕같이 변함없고 확고한 자질에 기초한 우정도 시간이 갈수록 깊어집니다.

여기서 이런 우정의 근간이 되는 탄탄한 자질에 대해 강조하고 싶은 것이 있습니다. 먼저, 이런 자질은 감정이 아니라 이성의 인도를 받아 형성된 자질이라는 것입니다. 또 그렇기 때문에 이런 자질은 기호의 문제가 아니라 누구나 그 가치를 인정하는, 즉 객관적으로 좋은 것이라는 점입니다. 이 점을 인정하면 우정의 역설을 이해할 수 있게 됩니다. 즉 두 사람 사이의 너무나 사적인 관계인 우정이 어떤 의미에서는 누구에게나 열려 있다는 것입니다. 어느 누구라도 선함, 인격, 덕 같은 객관적인 자질을 갖춘다면 이런 우정에 참여할 수 있다는 거죠.

초등학교 시절 여러 친구와 무리를 이루어 어울려 다닌 적이 있는데 '대장'을 빼놓고 나머지 일원들이 한 사람씩 번갈아 따돌림을 당하곤 했습니다. 한 번은 어떤 친구가 따돌림을 당했는데, 따돌려진 이유, 즉 친구의 자격이 되지 않는 이유가 외모 때문이라고 대장이 말했습니다. 지금도 그 기억을 떠올리면 다시 돌아가고 싶지 않은 마음에 고개를 절로 흔들게 되는데, 브라보 아리스토텔레스! 인간이라면 누구나 친구가 필요한데, 좋은 친구의 조건이 외모나 사회경제적 배경이 아니라 사람 됨됨이라니요, 이런 해방감이 어디 있겠습니까?

종종 사람들이 '주먹 세계'의 의리를 지적하면서 이들의 우정이 더 끈끈하고 진짜 우정이라고 하는데 아리스토텔레스의 대답은 "과연 그럴까?"입니다. 흔히 우리는 신의처럼 뭔가를 저버리지 않을 때 의리가 있다고 하는데, 그 저버리지 말아야 할 것이 객관적인 선이라면 당연히 어느 집단에나 진정한 우정이 존재하겠죠. 하지만 그것이 한 개인이나 집단만을 위한다거나 다른 사람에게 피해를 준다면 비뚤어진 의리이기에 그런 의리로 뭉친 사람들의 우정은 영원히 계속될 수 없습니다.

이처럼 아리스토텔레스가 말하는 진정한 친구는 나한테 단순히 잘해주는 사람이 아니라 객관적으로 보았을 때 사람 됨됨이가 뛰어난 사람이며, 또 내가 그런 사람이 되도록 격려하고 채찍질을 하는 사람입니다. 그렇기 때문에 우정은 우리가 일반적으로 생각하는 것과 달리 인생의 정점이나 황금기에 있는 사람에게 오히려 더욱 진가를 발휘합니다.

우리는 흔히들 어려울 때 도와주는 친구가 진정한 친구라고 생각합니다. 맞습니다. 하지만 아리스토텔레스는 우리에게 우정을 보다 적극적이고 진취적인 관점에서 볼 것을 제안합니다. 인생의 정점에 있는 사람의 경우 친구가 필요한 이유는 뭔가가 아쉬워서라기보다는 더욱 훌륭한 일을 할 수 있기 때문입니다. 이런 우정의 역할에 대해 아리스토텔레스는 "둘이 함께하면 생각도 행동도 원대해진다"라고 말합니다. 다른 식으로 표현하자면, 유용함이나 즐거움에 기초한 우정이 나의 필요나 욕구를 충족시켜 주는 소극적인 의미의 우정이라면, 덕에 기초한 우정은 우리가 더욱 인간적이고 풍요로운 삶을 누리도록 도와줍니다. 우정의 기초 자재가 얼마나 중요한지를 다시 한번 깨닫게 하는 대목입니다.

짐작했겠지만 덕에 기초한 이런 우정은 아주 드뭅니다. 왜일까요? 인정하고 싶지 않을 수 있지만, 세상에 선한 사람이 드물기 때문이죠. 여러분 주위를 정직한 눈으로 둘러보십시오. 유용하고 재미있는 사람들은 많이 있지만 정말로 선한 사람은 찾기 힘듭니다.

이번에는 눈을 외부가 아니라 나 자신에게로 돌려 "나는 덕이 있는 사람인가?"라고 질문해보십시오. 사실 이 두 번째 질문이 우정에서는 더 중요합니다. 진정한 우정은 유덕한 두 사람 사이의 친밀한 관계인데, 그런 관계를 이루려면 나 자신이 먼저 덕 있는 사람이 되어 있어야 하기 때문이죠. 그렇게 되었을 때 나와 비슷한 사람, 즉 또 다른 덕 있는 사람을 발견하게 됩니다.

하지만 두 선한 사람이 서로를 발견했다고 바로 친구가 되는 것은 아닙니다. 친밀함이 우정의 필수 요소인 만큼 그런 친밀감을 느낄 수 있도록 두 사람은 충분한 시간을 함께해야 합니다. 그래서 아리스토텔레스는 "소금을 자주 나눠 먹지 않고는 친구가 될 수 없다"라는 말을 하는데, 현대 한국어로는 "밥을 수십

번 같이 먹기 전에는 친구가 되기 힘들다"쯤으로 번역해도 되지 않을까요?

친구가 되는 과정에 대한 아리스토텔레스의 이야기를 듣고, "어휴, 친구 한번 만들기 힘드네!" 하고 탄식할 사람도 있을 텐데 그 탄식이 아리스토텔레스에게는 적절한 반응입니다. 그는 진정한 친구는 현실적으로 몇 사람을 넘어설 수 없다고 못을 박습니다. 또한, 진정한 친구가 관계에서 갖는 감정적인 유대는 연인 사이의 정열 못지않습니다. 따라서 두 사람을 동시에 뜨겁게 사랑하는 것이 힘들 듯 여러 친구와 동시에 깊은 정을 나누는 것도 쉽지 않습니다. 그래도 수십 명의 사람과 우정을 쌓을 수 있다고 주장한다면, 아리스토텔레스는 그 우정의 '함량'을 의심할 것입니다.

이번 장에서는 아리스토텔레스가 제시한 두 가지 종류의 우정에 대해 여러분과 살펴보았습니다. 인생의 많은 것들을 별생각 없이 받아들이면 살기는 편할 수 있으나, 삶에 감동과 의미가 없습니다. 우정 역시 마찬가지입니다. 우정을 진지하게 생각해보지 않으면, 친구를 사귀기도 쉽고 또 많은 친구가 주위에 있는 것 같습니다. 하지만 이런 우정에서 감동이나 깊이를 기대하기는 힘듭니다. 아리스토텔레스는 친구를 인생에서 가장 중요한 존재로 보았기 때문에 이미 훌륭한 사람이라 해도 자신을 이해하고 더 훌륭한 사람으로 성장하는 데 도움을 주는 친구가 꼭 필요하다고 생각했습니다. 가치가 있는 것일수록 쉽게 가질 수 없는 만큼, 이런 우정을 맛보려면 나 자신의 노력이 필요합니다. 즉 먼저 나 자신이 좋은 사람이 되어야 합니다. 타인과의 우정에 대한 이야기를 통해 다시 한번 우리는 우리 자신이 바로 서는 것이 얼마나 중요한가 하는 이 책의 큰 주제, 즉 '나 자신'으로 돌아왔습니다. 이것은 올바른 회귀입니다.

> Q. 아리스토텔레스가 말하는 진정한 우정이 이성 간에도 가능할까요?

헤어지는 글
코로나바이러스 스승님

제가 있는 미국의 메릴랜드주에서는 2020년 3월 13일에 팬데믹으로 집안 대피 명령이 내려졌습니다. 집에서 혼자 시간을 많이 보내면서 가끔 답답함을 느꼈는데, 그럴 때마다 아리스토텔레스 생각이 자주 났습니다. 특히 그가 말한 자신과의 우정이 많이 떠올랐습니다.

며칠 전 〈뉴욕 타임스〉지에 한 여성이 팬데믹으로 집 안에 장기간 있으면서 느끼는 외로움에 대한 이야기가 올라왔습니다. 원래는 사귀던 남자와 팬데믹 기간에 죽치고 시간을 보낼 생각이었는데, 그 남자가 자신은 이 기간에 자가 격리를 하고 싶다는 애매한 메시지를 전해 오는 바람에 예기치 않게 '팬데믹 실연'을 당하게 되었다고 합니다. 그런데 사실 이 여성은 팬데믹

이전에도 공백 기간이 없이 누군가를 늘 사귀어야 하는 사람이었습니다. 혼자 있으면 어두운 생각이 밀려오기 때문에 그런 생각이 하나둘 마음속에 자리하기 전에 그 자리를 메꾸어줄 어떤 사람이 필요하다고 그녀는 말합니다. 심지어는 파티가 끝나면 그 공허함이 싫어 파티에 왔던 사람들을 집으로 데려와 같이 잔다고 합니다. 단순히 이들의 체온을 느끼고 싶어서 말이죠.

그녀의 이야기를 처음 들었을 때는 자신의 외로움을 스스럼없이 인정하고 공개하는 것에 '용감녀'라고 부르고 싶었습니다. 그리고 외로운 자신을 인정했으니 이제 상황을 어떻게 전개해나갈까 하고 기대가 되었습니다. 그런데 이틀간 집 안에 틀어박혀 우울해하다 '용기'를 내 근처 스타벅스 드라이브 스루에 가고 결국에는 심리상담사와 온라인으로 상담을 하는 것으로 글이 맺어지는 걸 보고는 약간의 실망감이 들었습니다. 뭔가 중요한 단서를 발견했는데 추적을 하다 만 듯한 아쉬움 때문이었죠. 저자는 자신의 외로움이 팬데믹에 그 이유가 있는 것처럼 말했지만 과연 그런가요? 코로나바이러스가 말을 할 수 있다면 억울하다며 이런 말을 하지 않을까요? —"여보세요, 요즘에 부부 싸움이다 뭐다 다들 제 탓을 하는데요, 이건 아닌 것 같아요. 제가 문제를 일으켰다기보다는 자신의 원래 모습을 끄집어내주었다고 하는 게 더 맞지 않나요? 그러니 자신에게 정말 관심이 있다면—흠흠

(기침 소리)— 제게 오히려 고마워해야 하지 않나요? 자신을 대면할 수 있는 기회를 주었으니까요."

코로나의 말이 맞습니다. 외로운 우리 자신은 쭉 우리 속에 있었습니다. 다만 "바쁘겠다" "모르겠다, 다음에 생각하자" "분위기 죽인다" 등의 말에 소리를 못 내고 있었던 거죠. 그런데 중요한 것은 (코로나는 사라지더라도) 우리 자신은 항상 거기에 있다는 것입니다. 그렇다면 언젠가는 대면해야 하는데, 인생에 큰일이 닥쳐 어쩔 수 없이 자신을 마주해야 할 때까지 미루는 것은 현명하지 않습니다. 그런 준비 없는 만남은 보통 충격으로 다가오니까요.

이런 충격적인 만남을 피하고 싶다면 어떻게 해야 할까요? 평소에 자주 만나 안면을 익히고 자신을 알아가야 합니다. 즉, 자신과 익숙해져야 합니다. "가랑비에 옷 젖는 줄 모른다"라는 말이 시사하듯 익숙함이란 눈에 보이지 않는 엄청난 힘을 지니고 있습니다. 어떤 일을 반복적으로 하다 보면 그것이 곧 습관이 되고 결국에는 "제2의 천성"으로 되는데, 처음에 어설펐던 행동이 천성으로 굳어질 수 있었던 이면에는 바로 우리가 만만하게 여기는 익숙함이 자리하고 있습니다.

자신과의 관계에서 익숙함이 왜 중요한지는 다른 사람과의 관계를 볼 때 잘 알 수 있습니다. 어떤 모임에서 마음에 드는 사람을 만났다고 해봅시다. 그 사람이 아무리 마음에 든다고 하더라도 초면에 간단한 커피라면 몰라도 식당에 가 식사를, 특히 복잡한 식사를 같이하는 건 좀 부담스럽지 않나요? 반대로 마음에 꼭 들지는 않지만 자주 대하는 사람, 예를 들어 직장 동료와 점심을 함께하는 것은 그리 불편하지 않습니다. 이것이 말해주는 것이 무엇인가요? 어떤 사람과 관계를 발전시키려면 먼저 어느 정도 시간을 같이 보내 서로에게 익숙해져야 한다는 것이죠. 아리스토텔레스에게 자신과의 관계는 남과의 관계와 근본적으로 다르지 않았습니다. 오히려 자신과의 관계는 다른 사람과의 관계에 있어 근간이 되기 때문에 더 중요하다고 했지요. 그렇다면 더욱더 시간을 할애해 우리 자신을 알아가야 할 일입니다.

이제 우리 자신을 알아가는 구체적인 방법에 대해 생각해봅시다. 나 자신을 알아간다는 말은 아주 거창하게 들릴 수 있습니다. 사실 그 중요성을 생각하면 거창하다는 말이 맞습니다. 하지만 방법까지 거창할 필요는 없습니다. 오히려 자신에게 편한 소박한 방법을 찾는 것이 더 효과적인데, 여기에는 일기를 쓰는 것, 산책하는 것, 명상하는 것, 그냥 가만히 자신을 느껴보는 것 등 사람이 다르듯 방법도 다르고 또 얼마든지 창의적일 수 있습니다.

위에 열거한 것 중 제게는 일기가 편하게 다가옵니다. 일기는 틀이 없이 그냥 쓰기만 하면 되고 거친 자신을 필터할 필요가 없으니 부담 없이 느껴집니다. 여러분도 이런 식으로 자신에게 편하게 다가오는 것을 하나 생각해보십시오. 그런 것을 찾았으면 이제는 그것을 실천해야 하는데, 이 경우 실천에 관해 발랄하지만 탁월한 책을 쓴 스티븐 가이즈라는 사람이 많이 도움이 됩니다. 그는 새로운 습관을 들이려면 "너무 쉬워서 실패할 수 없는 계획"을 만들어 실천할 것을 권합니다. 일기 쓰는 것을 예로 들어보겠습니다. 일기가 편안하게 다가오는 저이지만 매일 써야 한다고 생각하면 부담감과 함께 '하기 싫다'는 생각이 금방 듭니다. 이런 경우 자신에게 실망하거나 '모 아니면 도'인 식으로 접근하는 것은 별로 도움이 되지 않습니다. 도움이 되는 것은 계획이라고 하기에는 민망할 정도로 실천하기 쉬운 양을 정해 그것을 실제로 하는 것입니다. 예를 들어 매일 1분—예, 60초 맞습니다— 동안 일기를 쓰는 것입니다. 아무리 게으른 사람이라도 그런 계획이라면 할 수 있다는 '자신감'이 들게 됩니다. 실패할 수가 없는 계획이죠.

이렇게 자신과의 관계가 시작되면 이제 그 관계를 조금씩 키워나가면 됩니다. 물론 그 여정이 항상 평탄한 길만은 아닙니다. 하지만 자신과의 진지한 관계를 시작하고 키워나가는 것은 부모님이나 자식, 공부, 결혼, 직장보다도 중요한 일입니다. 사실 이 세상 그 어느 것도 이것보다 중요하지는 않습니다. 그리고 실천적인 전략상 (반드시 시작하기 위해) 하루에 1분을 계획했다고 해서 느긋하게 여길 수도 있지만, 어떤 면에서 이것만큼 다급한 일은 우리 인생에 없습니다. 이렇게 자신을 알아가고 친해지다 보면 늘 우리 곁에서 따뜻하게 우리를 응원하는 오랜 친구와 비슷한 느낌을 우리 자신에게서 느낄 수 있을 것입니다. 또, 오랜 친구와 같이하지 못할 말이나 일이 없는 것처럼 우리 자신과도 많은 것을 함께하고 나눌 수 있습니다. 기대되지 않습니까?

대학 때 세 들어 살면서 만난 집주인 아주머니가 떠오릅니다. 이 아주머니의 진지한 취미가 혼자 여행을 다니는 것이었습니다. 그분이 혼자 여기저기 여행 다녔던 이야기를 열정적으로 하시던 게 생각납니다. 더불어 그런 이야기를 들으며 신선한 감동과 희망이 제 마음속에 일었던 것도 기억납니다. 그때는 아리스토텔레스를 배우지 못해 물어보지 못했지만, 지금 옆에 있다면 무엇보다도 그분이 자신과 어떤 관계를 가졌는지 묻고 싶습니다. 제 생각에 당연히 그분은 자신이 편하고 친구같이 생각되며 또 여행을 갈 때는 저널 같은 것을 꼭 가지고 다녔다고 할 것 같습니다.

여러분과 함께 나눈 마지막 대화의 계기가 되었던 〈뉴욕 타임스〉지의 그녀의 경우, 공백없는 그녀의 애정 편력을 아는 친구들이 "너 혼자 시간을 보내는 방법을 배워보는 게 어떠니?"라고 조언을 했다고 합니다. 여기에 대해 그녀는 "혼자 시간을 보내는 것보다 두 사람이 같이 시간을 보내는 게 더 의미 있지 않니?"라고 반문했습니다. 하지만 아리스토텔레스는 거기에 대해 다음과 같이 답변할 것입니다: "그게 맞지만 그러기 위해서는 먼저 자기 자신과 퀄리티 타임(quality time, 귀중한 시간)을 보내는 방법을 배워야 해요." 우리가 진정으로 자신과 퀄리티 타임을 보낼 수 있을 때 코로나바이러스, 아니 그보다 더한 것이 우리 삶에 큰 파도를 몰고 온다고 하더라도 최소한 우리 내부는 잔잔할 것입니다. 이것보다 더 확실한 코로나바이러스 면역이 어디 있겠습니까?

장별 참고 문헌

〈철학의 위안〉

Boethius. The Consolation of Philosophy. Translated by Richard H. Green. New York, Mineola: Dover Publishing Company, Inc., 2002.

Rota Fortunae https://en.wikipedia.org/wiki/Rota_Fortunae (accessed January 1, 2022).

〈나, 이성인가, 욕망인가?〉

Plato. Republic. Translated by C. D. C. Reeve. Indianapolis, Indiana: Hackett Publishing Company, Inc., 2004.

Thomas Aquinas. Summa Theologica. Translated by Fathers of the English Dominican Province. New York: Benziger Brothers, 1947-48.

〈뜨겁지만 냉정하게〉

Thomas Aquinas. Summa Theologica. Translated by Fathers of the English Dominican Province. New York: Benziger Brothers, 1947-48.

Kim, Kyongsook. "The Passivity and Activity of a Human Being as Revealed In the Passions of the Soul in Thomas Aquinas." (Ph. D. dissertation, The Catholic University of America, 2010).

Readings in Ancient Greek and Roman Philosophy. Edited by C. D. C. Reeve and Patrick Lee Miller. Indianapolis, Indiana:

Hackett Publishing Company, Inc., 2006.

Knuuttila, Simo. Emotions in Ancient and Medieval Philosophy. New York: Oxford University Press, 2004.

Corrigan, Kevin and Michael Harrington. "Pseudo-Dionysius the Areopagite." Stanford Encyclopedia of Philosophy, 4 September 2004, http://plato.standford.edu/entries/pseudo-dionysius-areopagite/ (accessed 25 June 2009).

Uffenheimer-Lippens, Elisabeth. "Rationalized Passions and Passionate Rationality: Thomas Aquinas on the Relation between Reason and the Passions." The Review of Metaphysics 56 (2003): 525-58.

〈해야 할 일은 왜 하기 싫을까?〉

Aristotle. Nicomachean Ethics. Translated by Terence Irwin. Indianapolis, Indiana: Hackett Publishing Company, Inc., 1999.

〈쾌락적인 삶 = 행복한 삶?〉

Readings in Ancient Greek and Roman Philosophy. Edited by C. D. C. Reeve and Patrick Lee Miller. Indianapolis, Indiana: Hackett Publishing Company, Inc., 2006.

Cicero. De Finibus Bonorum et Malorum (About the Ends of Goods and Evils). Edited by T. E. Page and W. H. D. Rouse. New York: The MacMillan Co., 1964.

A. A. Long, From Epicurus to Epictetus - Studies in Hellenistic Roman Philosophy, p. 187.

O' keefe, Tim. "Epicurus." Internet Encyclopedia of Philosophy, https://iep.utm.edu/epicur/ (accessed January 1, 2022)

O' keefe, Tim. Epicureanism. New York, New York: Routledge, 2010.

〈너무도 인간적인 쾌락〉

Mill, John Stuart. Utilitarianism. Second Edition. Indianapolis, Indiana: Hackett Publishing Company, 2001.

〈나의 가장 친한 친구 - 그건 바로 나!〉

Aristotle. Nicomachean Ethics. Translated by Terence Irwin. Indianapolis, Indiana: Hackett Publishing Company, Inc., 1999.
Kabat-Zinn, Jon. Wherever You Go There You Are, New York: Hachette Books, 2014.

〈나는 다른 사람에게 어떤 친구일까?〉

Aristotle. Nicomachean Ethics. Translated by Terence Irwin. Indianapolis, Indiana: Hackett Publishing Company, Inc., 1999.

〈헤어지는 글 - 코로나바이러스 스승님〉

Sills, Sophie. "No One to Hunker Down With," New York Times (April 30, 2020), https://www.nytimes.com/2020/04/30/well/mind/coronavirus-quarantine-single-dating-relationships.html (accessed April 30, 2020).
Aristotle. Nicomachean Ethics. Translated by Terence Irwin. Indianapolis, Indiana: Hackett Publishing Company, Inc., 1999.
Guise, Stephen. Mini Habits. CreateSpace Independent Publishing Platform, 2013.

철학! 말해줘 내가 누구인지

ⓒ 김경숙 2023

초판 1쇄	2023년 7월 21일
지은이	김경숙
디자인	유리악어
펴낸이	이채진
펴낸곳	틈새의시간
출판등록	2020년 4월 9일 제406-2020-000037호
주소	경기도 파주시 하늘소로16, 105-204
전화	031-939-8552
이메일	gaptimebooks@gmail.com
ISBN	979-11-983875-0-9 (03100)

* 책값은 뒤표지에 있습니다. 잘못 만들어진 책은 구입하신 서점에서 교환해드립니다.
* 이 책 내용의 일부 또는 전부를 재사용하려면 반드시 저작자와 틈새의시간 양측의 서면 동의를 받아야 합니다.